The Early Years Foundati

The Early Years Foundation Stage prepares childr
and is consistent with the National Curriculum. It focuses on the needs of children aged 3 to the end of the Reception year in primary school. The philosophy underpinning the Early Years Foundation Stage curriculum is that learning should be carefully planned and structured, with an emphasis on activities that are fun, relevant and motivating. The **Everything Early Years** resources are written with this philosophy in mind.

The *Practice Guidance for the Early Years Foundation Stage*, published in 2007, is the core reference document for implementation of the Early Years Foundation Stage. Its aim is to help practitioners plan to meet the wide range of needs of all children. For further information on the Early Years Foundation Stage:

- www.teachernet.gov.uk/publications
- Or for a copy of the *Guidance* phone DFES Publications 0845 60 222 60

Fun Rooms

This book takes 6 commonly taught Reception topics and shows you how best to 'theme' your room or area around that topic. With a range of ideas about displays, role play corners and book corners this book gives you everything you need to create a room that supports your topic at minimal cost. In addition, there are frequent suggestions on how best to use your outside area and take the topic outdoors.

All of the topics in this book are available as **Topic Books** from **Everything Early Years**.

Authors: Margaret Ramsbotham is an experienced Foundation stage and Key Stage 1 practitioner.

Illustrated by Margaret Ramsbotham.

Published by **Everything Early Years 2006. New edition 2009.**

Everything Early Years

MKPS, Tattenhoe Lane, Milton Keynes, Bucks, MK3 7EG.

www.everythingearlyyears.co.uk

1-904975-32-1

contents

Introduction

This book takes 6 commonly taught Reception topics and shows you how best to 'theme' your room or area around that topic. All of the topics discussed in this book are available as **Topic Books** from **Everything Early Years**.

For each topic there are a range of ideas to help you use your space as imaginatively as possible. However, all of the ideas are also designed to be cost-effective and take as little time as possible to set up. It is important that the children are as involved as possible in all aspects of the theming – particularly that the displays are their own work. They can also be involved in the setting up of the role play areas, as this will make them much keener to use them.

For each topic the ideas are grouped into these sections:

- **Displays**. Hanging, wall and table top displays are all covered. There are also display suggestions in the **Topic Books** themselves.
- **A show and tell table**. This is often a really good way to start a discussion on a new topic, especially if children have brought things in from home.
- **Role play corner** – there are usually a series of ideas on how to set up these corners in an imaginative way. As well as advice on how to use them once set up.
- **Book corner**. This gives some examples of useful books for the topic, and how this area can then be developed from these.
- **Outdoor activities**. It is important that outdoor space is used, and themed, as much as indoor space.
- **Songs and circles games.** Those appropriate for the topic are listed.
- **Trips and visits**.

Introduction

Here are some other factors to bear in mind, whatever your topic:

- A show and tell table is a good way to introduce a topic and create a first step towards moving out to theming the whole classroom. It is also a good way of involving parents as a topic begins.

- Always use a camera to record displays for future reference. A camera is also an invaluable piece of equipment to take on a trip or visit. Photos of these events can enhance your classroom displays.

- The ideas listed in this book will be created by you and the children as you work on this topic, but always try and use appropriate backing colours on your display boards from the start.

- Invite parents in at the end of a topic, so that they can see the classroom before you move on to your next topic.

3 of the **Everything Early Years Reception** topics - **Food**, **Park** and **Transport** – have accompanying **Photo and Discussion Packs.** These photos can be used as part of the show and tell table as stimulus as you start the topic, and also to enhance your displays.

Ourselves

Introduction

Begin by talking about our names, ages, addresses, homes and families. By starting from everything that the children know about themselves they can then investigate their bodies, including their senses and what keeps them healthy.

Show and tell table

Ask the children to bring in a baby photograph of themselves (as young as possible) and any other details of when they were born – for instance, time and weight. This is a good start to talking about themselves as they were, as they are now and how they will look in the future. Display the photos and see if visitors can guess who the babies are now.

Displays

Wall displays

- A stunning display can be created by drawing around the children. Use 2 large sheets of A1 paper stuck together for the children to lie on, or some wallpaper or lining paper. Once you have drawn the outline, the children can then paint their clothes and body parts. When the paint is dry stick on pieces of fabric for party clothes. Use wool for hair and any other threads and beads to add texture. Cut these out and display them on boards around the room. Add balloons and streamers to enhance the party theme.

Table top displays

- Children love looking at photograph albums. Ask them to bring in any photographs from home – of themselves and their families. Display these carefully and cover in cling film to avoid finger marks. Label the photos with names and questions about ages.

Role play corner

- Create a wedding corner with dressing up clothes for brides, bridesmaids and grooms. Decorate with flowers – both artificial and painted – and lucky horseshoes. Have a table and chairs in the corner for the wedding reception.
- Turn the home corner into a nursery for babies. Include dolls, high chairs, cots, blankets and prams. Encourage the children to look after the babies carefully.

Book corner

- Introduce information books to the children, for example, **Our Body** from Heinemann's Discovery World. Display other books about teeth, hands, feet and the 5 senses. You could then turn the book corner into an Opticians. Make lots of different spectacles from card, and write letters and numbers on posters for the children to identify in 'sight tests'.

Outdoor activities

Physical development and finding out what our bodies can do should ideally be done outdoors. Give the children lots of actions to try and complete:

How far can you jump with both feet together? Who has the longest jump? Who has the shortest jump? Who can do a bunny hop? Who can leap like a frog? Who can walk on 2 hands and 2 feet? Who can walk on 1 hand and 2 feet? Who can walk backwards?

Ask the children how many other ways they can think of for moving from 1 point to another.

Circle games/songs

- **We All Clap Hands Together**.
- **Here We Go Looby Loo**.
- **Move Your Head to the Rhythm of the Music**.
- **Head, Shoulders, Knees and Toes**.
- **Hokey Cokey**.

Suggested trips/visits

- A visit from a dentist would be appropriate for this age group – to talk about what they should eat to keep their teeth and gums healthy.

Weather

Introduction

There are many different types of weather and to display pictures of these, using colours that are associated with each aspect, can be very effective. Use yellows, oranges and reds to illustrate sunshine; whites, blues and greys for snow; and greys, whites and silvers for rain.

Show and tell table

Ask the children to bring in any umbrellas from home. It might be possible for some of them to bring in small parasols (the sort that fix to a pram or pushchair). They could then talk about what they use them for and look at all the different shapes and patterns, this can be an interesting way of starting the topic.

Displays

Wall displays

- Make a display of weather words. Write all the rain related words (wet, drizzly, pouring, soaking, splashing) on a large raindrop; snowy words (white, fluffy, cold, freezing, slippy) on a snowflake; windy words (blowy, gale, blustery) on a cloud; sunny words (bright, hot, warm, yellow) on a sun; and icy words (sharp, blue, wet, cold) on an icicle. The background of the display should be blue.
- Make a sunny display on a yellow background. Let the children paint a sun each. Collect tissue paper, ribbon, sequins and any other collage materials in yellow, orange or red colours. The children can stick them onto their sun. The effect will be bright, shiny and colourful.

Hanging displays

- Hang weather mobiles round the room.

Table top displays

- Create a table displaying different things that remind the children of the wind. Ask the children to bring things in from home – such as kites, toy sailing boats and wind chimes. Encourage them to write their own label to match their windy item.

Role play corner

- Turn the corner into an igloo. Cover the area in a white sheet. Place fur rugs on the floor. Provide dressing up clothes such as fur hats and gloves. Put large teddies, such as polar bears and penguins, around the igloo. Encourage the children to take on the role of Eskimos, sharing games and ideas.
- Provide a weather corner – with dolls and teddies to dress as well as dressing up clothes for the children. They can sort the dressing up clothes into different groups: sunny, rainy, windy and snowy. You could have a different type of weather each day:

  Today is sunny, what would you wear? What would the dolls and teddies wear?

  Encourage the children to think about activities for a sunny day.

Book corner

- Display fables and poetry books: for example, **The Wind and the Sun** by Aesop, **Poems about Weather** by Amanda Earl and Danielle Sensier; and nursery books such as **The North Wind doth Blow** and **Doctor Foster Went to Gloucester**. This book corner could then be turned into a shelter for toy animals to either hibernate in or hide in – away from the nasty weather.

Outdoor activities

Before going outside, discuss the weather and what type of clothes are appropriate. If wet, wear wellington boots, and dress teddies and dolls in wet weather clothes. Tell the children they can jump in puddles. If the weather is cold they will have to think about how to keep warm – suggest running, jumping and clapping hands together. In windy weather consider making kites to fly outside. In sunny weather ask the children to try to catch their shadows and stamp on them.

Circle games/songs

- **Incy Wincy Spider**.
- **Here We Go Round the Mulberry Bush**.
- **The Big Ship Sails on the Alley, Alley O**.

Suggested trips/visits

- Visit a working windmill to show how the wind helps the miller to make flour.

Seasons

Introduction

Animal behaviour throughout the year should be investigated. Some birds fly to a warmer country in the winter and then come back in the spring. Ask the children:

Which ones stay here? Which animals hibernate and which ones have warm coats to keep them warm through the winter.

Watch plants grow in the spring and summer. Look at what happens to plants and trees in the autumn and winter. Colour is very important in this topic. Here is an opportunity to mix colours and reinforce colour names. Learning about the weather in the 4 seasons helps children to understand why we have celebrations at certain times of the year.

Show and tell table

Ask children to bring in an article of clothing that they would wear in a particular season. Discuss the reasons for wearing woolly scarves and gloves when it is cold, and why we don't need to wear them when it is hot. This table could then lead on to more discussions about the weather and seasons.

Displays

Wall displays

- Divide a large display board into 4 sections, for spring, summer, autumn and winter. Paint the spring sky blue with clouds, the summer sky blue, the autumn sky grey and the winter sky dark grey. Make a collage of trees and flowers as they would appear in each season. Paint short grass for spring; paint long grass and a few weeds for summer; paint leaves on the ground for autumn; and use cotton wool for winter snow. You could also make this into a birthday board, putting names on flowers and leaves in appropriate seasons.

Table top displays

- Ask the children to bring in objects that represent a particular season. Either choose 1 season at a time or arrange into 4 clearly labelled groups. It may be easiest to focus this display on the season at the time you are doing this topic. Children can observe the objects independently, and discuss why they belong in a certain season.

Role play corner

- Create a 4 seasons corner with 4 separate dressing up boxes, 1 for each season. Create 4 areas for children to display seasonal pictures within the corner.
- Collect holiday brochures and posters from travel agents and make a travel agency. Display a map of the world and/or a globe to look at the location of countries that children want to visit. Encourage directed play by making prompts such as:

  In the spring you can go to Holland to look at the tulips. Find pictures of tulips in the brochures, can you draw them?

  In the summer you can go to the seaside. Cut out pictures of the seaside from the brochures, can you make a collage?

  In the autumn you can go for a walk in the countryside and look at all the beautiful autumnal colours. Find some pictures in the brochures, and use tissue paper and natural materials to make an autumn collage.
  In the winter you can go skiing, make some snowmen with kitchen roll tubes and cotton wool.

Book corner

- With the emphasis on spring and growing, display books like **The Enormous Turnip** and **The Very Hungry Caterpillar**. This book corner could then be turned into a growing area where seeds can be planted and then looked after by the children.

Outdoor activities

Observations can be made throughout the year of plants and animals in their natural habitats. In the spring plant sunflowers, cornflowers and other annuals. Listen for the cuckoo as a sign of spring, and look at buds appearing on trees. In the summer plant tomatoes and carrots, which the children can then eat in salads. In the autumn collect leaves that have fallen from the trees, discussing the wonderful colours. In the winter let the children splash in puddles or make footprints in the snow.

Circle games/ songs

- **Here We Go Round the Mulberry Bush**.
- **Here We Go Gathering Nuts in May**.
- **Ring a Ring of Roses**.
- **Chick, Chick, Chick, Chick, Chicken**.
- **Oats and Beans and Barley Grow**.
- **In and Out the Dusky Bluebells**.

Suggested trips/visits

- Visit a farm to see newborn lambs.
- Visit a bluebell wood.
- Visit a garden centre.

Show and tell table

Transport

Introduction

Transport is a topic which can easily be linked to the Foundation Stage environment. Having areas where children can ride on, push along, and pull along trucks, cars and other vehicles are important. The outside space is ideal for these activities.

Make use of staff, parents and friends who have an unusual form of transport. Perhaps they can bring it to school or take the children on a visit to see it. Try to arrange a trip on a train or bus or coach. You could take a picnic with you. Some careful planning could incorporate a bus, then a train, observing roads, tunnels, bridges, canals or rivers, and then walking to a park for your picnic.

Show and tell table

Ask the children to bring in any toy cars, buses, trains, boats that they might have at home. Some children might have Barbie coaches or carriages and doll's prams. If a doll's crib or pram is available then this is an ideal way to start the topic as this is probably the very first form of transport that the children travelled in.

Displays

Wall displays

- Paint a large engine of a train (an old steam train similar to Thomas the Tank Engine). Make a carriage for each child in the class and use this train as a birthday train. Children can then either paint a portrait of themselves to put in the carriage or print a large photograph taken with a digital camera.

Hanging displays

- Make some hot air balloons using blown up balloons and paper mache. When they are dry they can then be painted in bright colours. Use string and yogurts pots to finish them off and hang them from the ceiling.

Table top displays

- Display junk models or construction models with a theme so: week 1 – transport on land; week 2 – transport on water; week 3 – transport in the air; week 4 – animal transport.

Role play corner

- Create a bus in the home corner. Use chairs for passengers. Have a special seat for the driver and supply a plastic steering wheel. The driver will need to make some tickets for the journey and money will be needed for the passengers. Sing **Driving Along on a Big Red Bus**. Make wall displays in the corner for everything you see on your journey, for example, 'I saw a plane go flying by'.
- Turn the home corner into the 999 service. Provide a table and chair with a telephone and a variety of dressing up clothes. The children can be fireman, ambulance crew or policemen or women and then can be hospital staff. The children can take it in turns to telephone the emergency services.

Book corner

- Display stories about **Paddington Bear**. After reading the story children could bring in their own teddies and make labels for them. Stories connected with flight, for example, **Peter Pan** and **Chitty, Chitty, Bang, Bang**, could be another idea to stretch the imagination. The book corner could then be turned into a flying machine.

Outdoor activities

Transport is a great outdoor topic – every opportunity should be taken to let the children use tricycles, scooters, and so on, and explore movements by being buses, aeroplanes and any other forms of transport that they can think of.

Ask the children where they would like to go today, they might like to pretend they are going to the seaside on a train:

What can you see out of the window? What will you do when you get to the seaside? Now let's travel home on the train.

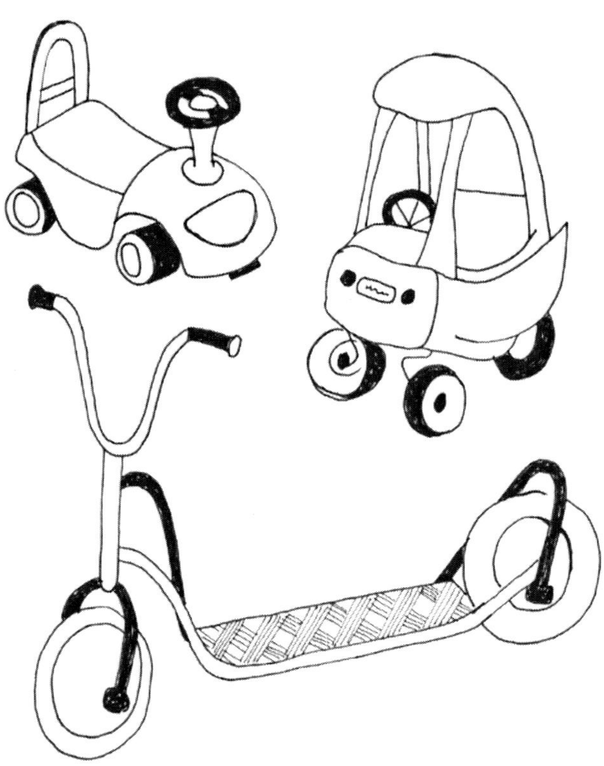

Circle games/songs

- **The Big Ship Sails**.
- **Row, Row, Row Your Boat**.
- To the tune of **Here We Go Round the Mulberry Bush** sing a road safety song, for example, 'This is the way we look both ways', 'This is the way we hold our hands', 'This is the way we cross the road'.

Suggested trips/visits

- Any transport museum in your area. A particularly good one is The Heritage Motor Museum at Gaydon.
- The Emergency Services, especially the Fire Brigade, will bring a fire engine for the children to see. A fireman could talk about his special clothing.
- Many children have not had the opportunity to travel on a train. Try to arrange a short journey and take a picnic to have in a park.
- Look out for hot air balloon festivals in your area.

Park

Introduction

Investigate all parks in your area. Visit one for observation purposes, looking at flowers, trees and birds. Some parks make displays out of flowers – these would be interesting for the children to see. Others have lakes for wildlife or water sports. Safety is very important, so on a wall display have some labels explaining how to stay safe while having fun.

Arrange to have your sports day at a park if you haven't got a big enough outdoor space. This can be great fun.

Show and tell table

Discuss with the children what you can see at a park, and what you can do there. Encourage them to bring in something that they would take to the park if they were going there. Display their objects, and then they can talk about what they would do with them to the rest of the class.

Displays

Wall displays

- Create a wall display illustrating the life cycle of the frog, from egg to tadpole to adult frog. Clearly label each section. Choose different materials and a different group of children to make each part of the life cycle. Make sure that each group understands the section they are working on and how it fits into the life cycle as a whole. They can use paints, different textured materials or coloured paper for their section.

Hanging displays

- Hang safety labels from the ceiling. For example, 'Don't go too near the edge of the pond' and 'Don't play near water'.

Table top displays

- Display children's junk modelling of park rides on a table. Ask the children to write their names on labels to display next to each model.

Role play corner

- Place a collection of park animal puppets in the home corner. Choose animals such as the squirrel and the hedgehog. Encourage the children to play together with the puppets, developing their imagination and confidence.
- Create a 'park' by decorating a corner with trees made from sugar paper. Give the children Playmobil or Duplo with small figures. Ask them to build their own parks. They could use Lego to make benches and seats to sit on. Encourage them to use their imagination to make buildings in the park – for instance, a café.

Park

Book corner

- Display **Percy the Park Keeper** stories by Nick Butterworth and **Topsy and Tim Go to the Park** by Jean and Gareth Adamson. The book corner could then be turned into Percy's hut.

Outdoor activities

Children could pretend that they are at the park when they are playing on the outdoor equipment. You could also have a picnic outside. Some parks still have bandstands, where bands play in the summer. Take some musical instruments outside and let a group of children play some music, while others sit and enjoy it.

Circle games/songs

- **See-saw Marjorie Daw**.
- **Ring a Ring of Roses**.
- **In and Out the Dusky Bluebells**.
- **Here We Go Round the Mulberry Bush**.
- **5 Little Speckled Frogs**.

Suggested trips/visits

- Walk to a local park or make a journey to a nearby park and perhaps take a picnic.

Food

Introduction

There are 2 very important factors to consider in this topic. The first is healthy eating and the second is knowing just where our food comes from. Here is an opportunity to visit a bakery, greengrocers, butchers, confectioners, fish shop or market. Many towns have farmer's markets where people sell local produce – or there may be a farm shop or local 'Pick Your Own' near you. The children can see how and where food is grown. If you have the space for your own growing area the children can tend to their own plants.

Show and tell table

Snack time food could be put on the table as a starting point for the food. Individual children can talk about why they have brought that particular food into school. Talk about favourite foods, healthy foods and why we need food.

Displays

Wall display

- Choose a day when sausages are on the menu for lunch, or bring in some sausages for the children to look at. Discuss what meat is used to make sausages (mostly pork) and that pork comes from pigs. Have various sizes of tubes to choose from – toilet and kitchen towel tubes are good for this. The children can decide which size they want to use. Cover the tubes with tissue paper (pink for uncooked and brown for cooked). On the display board, show a large pan and stick the decorated sausages on with blue tack so that when you sing **10 Fat Sausages** you can take them off, 1 at a time.

Table top displays

- Have a 'growing' table. Collect pictures of fruit and vegetables, and display them on card attached to the back of the table. Suggest that the children bring in seeds/pips from fruit that has been eaten and try to grow them. Discuss what seeds need to survive and grow.
- Bring in packets of seeds to grow cress, beans and so on. If you have outside space then you can be more adventurous and grow tomatoes or carrots.

Role play corner

- Create a butcher's shop. Make strings of sausages from cardboard tubes and tissue paper, mince meat from shredded red paper, bacon from painted cereal boxes (about 6 rashers per box), joints of beef and pork form cylinder shapes covered in appropriately coloured paper. The shop should have paper bags and prices (1p or 2p) on each piece of meat. The butchers could wear aprons and hats. Decorate the shop front with striped paper/fabric.
- Choose a host/hostess and play having a dinner party inviting the queen or another V.I.P. Use a tablecloth, napkins and place cards for children's names. The children could write a menu for the meal. Put a plant in the middle of table, and set out cutlery and china. Discuss what they might talk to the Queen about, and show them how to curtsey and bow to each other. Children can dress up in their best dressing up clothes.

Book corner

- Collect some titles in advance – **Goldilocks and the 3 Bears, The Little Red Hen** and **The Gingerbread Man.** Add some children's recipe books and some receipt cards showing how to make porridge, bread and gingerbread men. The book corner could be then turned into a cooking area.

Outdoor activities

If you have an outside area then every opportunity should be taken to try 'growing' food in pots or beds. Grow tomatoes in a grobag and carrots in the ground. When ready to eat they can be picked and used in salads. Plant herbs in pots – the children can have fun smelling the different fragrances.

Circle games/ songs

- **Oats and Beans and Barley Grow.**
- **Oranges and Lemons.**
- **The Mulberry Bush** (explain what mulberries are).
- **Nuts in May.**

Suggested trips/visits

- Visit a specialist food shop – a butchers, confectioners, green grocers, bakers.
- Visit a farm (for milk, cheese, eggs, wheat).
- Visit a market (including farmer's market).
- Visit someone you know who has a vegetable plot in their garden or an allotment.
- Make a trip to a fruit farm (strawberries, cherries, raspberries).
- Visit an orchard.
- Find a hedgerow for blackberries.

Books

Topsy and Tim Go to the Park, Jean and Gareth Adamson (Ladybird Books, paperback, 1999)

The Wind and the Sun, Aesop (Modern Publishing, paperback, 1993)

Peter Pan, J. M. Barrie (Ladybird Books, hardback, 2003)

The Enormous Turnip, Nicola Baxter (Ladybird Books, hardback, 1998)

Paddington Bear, Michael Bond (Picture Lions, hardback, 1999)

Percy the Park Keeper stories by Nick Butterworth (Picture Lions)

The Tiny Seed, Eric Carle (Aladdin, paperback, 2001)

The Very Hungry Caterpillar, Eric Carle (Picture Puffin, paperback, 2002)

Poems about Weather, Amanda Earl and Danielle Sensier (Hodder, paperback, 1998)

Our Body from Heinemann's Discovery World

Chitty, Chitty, Bang, Bang, Ian Fleming (Puffin, paperback, 2001)

Goldilocks and the 3 Bears, Penelope Lively and Debi Gliori (Hodder Children's Books, paperback, 2004)

Sam Plants a Sunflower, Kate Perry and Axel Scheffler (Macmillan, paperback, 2000)

The Little Red Hen, L. Pochon (Ladybird Books, hardback, 1999)

The Gingerbread Man, Anja Rieger (Ladybird books, hardback, 1999)

Only CGP has that *je ne sais quoi*...

It's no secret that GCSE French can be pretty challenging, and the latest Grade 9-1 exams are tougher than ever. But don't worry — help is at hand...

This brilliant CGP Workbook is packed full of exam-style reading, writing and listening questions, with free online audio files available from here:

www.cgpbooks.co.uk/GCSEFrenchAudio

We've also added plenty of grammar questions to check you know your perfects from your passives. After all this, your exams will be a tour de force.

CGP — still the best! ☺

Our sole aim here at CGP is to produce the highest quality books — carefully written, immaculately presented, and dangerously close to being funny.

Then we work our socks off to get them out to you — at the cheapest possible prices.

Contents

Section 1 — General Stuff

Section 2 — About Me

Section 3 — Daily Life

Section 4 — Free-Time Activities

Section 5 — Where You Live

Section 6 — Travel and Tourism

Contents

Section 7 — Current and Future Study and Employment

Section 8 — Global Issues

Section 9 — Literary Texts

Section 10 — Grammar

Published by CGP

Editors:
Cathy Lear
Lucy Forsyth
Hannah Roscoe
Matt Topping

Contributors:
Jackie Shaw
Sarah Sweeney

With thanks to Christine Bodin, Sharon Knight and Karen Wells for the proofreading.
With thanks to Jan Greenway for the copyright research.

Acknowledgements:

Audio produced by Naomi Laredo of Small Print.

Recorded, edited and mastered by Graham Williams of The Speech Recording Studio, with the assistance of Andy Le Vien at RMS Studios.

Voice Artists:

Danièle Bourdais

Jason Grangier

Perle Solvés

Edexcel material is reproduced by permission of Edexcel.

Abridged and adapted extract from 'Le Tour de la France par deux enfants', on page 62, by G. Bruno.

Abridged and adapted extract from 'Boule de suif', on page 62, by Guy de Maupassant.

Abridged and adapted extract from 'Anie', on page 63, by Hector Malot.

Abridged and adapted extract from 'Voyage au centre de la Terre', on page 63, by Jules Verne.

ISBN: 978 1 78294 541 3
Printed by Elanders Ltd, Newcastle upon Tyne.
Clipart from Corel®

Based on the classic CGP style created by Richard Parsons.

Numbers

1 Read this chatroom conversation three teenagers had about their families.

Marie	J'habite avec mes grand-parents. Ma grand-mère a soixante-dix ans et mon grand-père a soixante-treize ans. Ils sont très sympathiques.
Claude	J'ai une assez grande famille. D'abord il y a mon frère aîné, qui a vingt ans. Puis il y a moi, et j'ai dix-sept ans. J'ai aussi une petite sœur, qui a quatorze ans, et un petit frère, qui a douze ans.
Ahmed	Je n'ai ni frères ni sœurs. J'habite avec ma mère, qui a quarante-sept ans. Moi, j'ai quinze ans. Nous avons un vieux chat, qui est plus âgé que moi — il a seize ans. Notre petite famille est harmonieuse.

How old are the following people / animals? Write the numbers in digits.

Example: Marie's grandmother ...70...

a Marie's grandfather ....

b Claude's older brother ....

c Claude ....

d Claude's sister ....

e Ahmed's mother ....

f Ahmed's cat .... *[6 marks]*

WRITING

2 Write these numbers out in full **in French**.

a 75 ....

b 200 ....

c 320 .... *[3 marks]*

TRACK LISTENING 01

3 You overhear Paul talking on the phone about his weekend.
Answer the questions **in English**.

Example: How many T-shirts did Paul buy? ...two...

a Roughly how many DVDs did he buy? .... *[1 mark]*

b How much did his shopping cost in total? .... *[1 mark]*

c How many friends did Paul see on Saturday evening? .... *[1 mark]*

Score: ☐ / **12**

☹ ☐ 😐 ☐ ☺ ☐

Times and Dates

1 Write these times out in full **in French**.

a 10 am ....

b 1:30 pm ....

c 2.15 pm ....

d 16.44 .... *[4 marks]*

2 Read the message Jessica sent to her friend on social media during a school trip. Fill in the times on her daily schedule.

> Salut Rachelle !
>
> Ça va ? Je suis ici en Suisse avec ma classe, et nous nous amusons très bien ! Nous faisons beaucoup d'activités donc la journée commence assez tôt. Je me lève à sept heures moins le quart. Je prends mon petit déjeuner avec mes copines à sept heures et demie et puis nous partons à huit heures et quart pour faire du ski. Je fais du ski toute la journée et puis je rentre à l'hôtel à dix-huit heures.
>
> Le dîner est à six heures et demie du soir. À dix-neuf heures nous regardons un film ensemble, ou nous jouons aux cartes. Je me couche assez tôt : à neuf heures et demie. Je suis toujours fatiguée !
>
> À bientôt !

Example:

Time	Activity
06:45	Gets up

	Time	Activity
a		Leaves the hotel
b		Returns to the hotel
c		Has dinner
d		Watches a film or plays cards
e		Goes to bed

[5 marks]

3 Louise and Adham were interviewed about the seasons for a school project. Complete the sentences **in English**.

(i) a Louise's favourite season is .... *[1 mark]*

b Louise's birthday is on .... *[1 mark]*

c Louise goes on holiday in .... *[1 mark]*

(ii) a Adham's favourite season is .... *[1 mark]*

4 Lis ce que ces personnes ont écrit dans un forum sur leurs passe-temps. Réponds aux questions **en français**.

Je fais souvent du sport. Le mardi soir, je fais de la natation. Ça commence à sept heures. Ce week-end, il y a un concours et je vais y participer. — **Aurélie**

Moi, j'aime la musique. Le lundi soir et le samedi matin, je joue de la trompette dans un orchestre. La semaine prochaine il y aura un grand concert. — **Damien**

a Quand est-ce qu'Aurélie fait de la natation ? .... *[2 marks]*

b Qu'est-ce qu'elle fait ce week-end ? .... *[1 mark]*

c Quand est-ce que Damien joue dans l'orchestre ? .... *[2 marks]*

d Quand est le concert ? .... *[1 mark]*

5 Traduis le passage suivant **en français**.

On Mondays, I see my friends. Last week, we watched an action film. This weekend, I am going to go shopping with my cousins.

....

....

....

[6 marks]

Score: /**25**

Opinions

1 Research was carried out to find out about attitudes to reading among teenagers. Read these extracts from the interviews.

Thiane	À mon avis, il est important de lire. Moi, je lis le journal tous les matins — je trouve toujours intéressant de savoir ce qui se passe dans le monde.
Sabine	Je ne m'intéresse pas trop aux livres mais j'aime bien les magazines de mode car j'aime les vêtements. Je voudrais travailler comme mannequin.
Lucas	Personnellement, je préfère lire des romans parce que j'aime les histoires. Je trouve les magazines ennuyeux — les vedettes ne m'intéressent pas.

Complete the boxes **in English** to show what they like reading and why.

		Likes to read...	Reason
Example:	Thiane	The newspaper	It's interesting to know what's happening in the world.

		Likes to read...	Reason	
a	Sabine			*[2 marks]*
b	Lucas			*[2 marks]*

2 While on a bus in Paris, you overhear two people talking about a singer. For each question, put a cross in each of the **two** correct boxes.

(i) What does Claire say about Lilette Laurent?

A	My favourite singer is Lilette Laurent.	
B	I think Lilette Laurent writes her own songs.	
C	I think her new song is terrible.	
D	I saw a programme about Lilette Laurent.	

[2 marks]

(ii) What are Georges's opinions?

A	All that celebrities care about is music.	
B	Lilette Laurent's songs are very catchy.	
C	I think Lilette Laurent is fairly pretty.	
D	I like rock music.	

[2 marks]

3 Lis ce blog que Colette a écrit sur un film.
Réponds aux questions **en français**.

> Aujourd'hui je vais vous parler d'un film magnifique que j'ai vu ce week-end. Le film s'appelle « Le lycée de la peur », et comme vous pouvez bien l'imaginer, il s'agit d'un film d'horreur.
>
> D'habitude je ne m'intéresse pas à ce genre de film — je regarde les films d'horreur très rarement car je trouve que les acteurs sont souvent mauvais. À mon avis, ce film n'est pas comme les autres. Tous les acteurs sont tellement doués, surtout l'actrice principale.
>
> Quant à l'histoire, le film est vraiment dramatique et il y a plein de surprises. On ne s'ennuie jamais. Je recommanderais « Le lycée de la peur » à tout le monde qui aime rire, pleurer et avant tout avoir peur. À ne pas manquer !

a Est-ce que Colette aime les films d'horreur en général ? Pourquoi ?

.... *[2 marks]*

b Pourquoi aime-t-elle ce film ? Donne **deux** raisons.

1. .... *[1 mark]*

2. .... *[1 mark]*

4 Traduis le passage suivant **en français**.

> My favourite sport is rugby because it is very exciting. I have been playing rugby for seven years. At the weekend I like to watch sport on television with my friends, but I'm not interested in football. I think that the players are arrogant. In the future, I would like to be a teacher.

....

....

....

....

....

....

[12 marks]

Score: ☐ **/ 24**

 ☐  ☐  ☐

About Yourself

1 The new pupils at a secondary school in Marseilles wrote about themselves for the school magazine. Read their descriptions.

Ibrahim	J'ai quinze ans. Je suis né à Toulouse. Je suis de taille moyenne, j'ai les yeux marron et les cheveux longs et foncés. J'ai toujours une attitude positive et je suis souvent de bonne humeur.

Theo	Je viens de Lyon et j'aurai seize ans la semaine prochaine. Je suis l'élève le plus grand de ma nouvelle classe et j'ai les yeux bleus et les cheveux blonds. Mes amis à Lyon disaient que j'étais un peu bête mais je sais comment faire rire les gens.

a Which **two** statements are **true**? Put a cross in the correct boxes.

A	Ibrahim is very tall.	
B	Ibrahim is rarely in a bad mood.	
C	Ibrahim has long, dark hair.	
D	Ibrahim is fourteen.	

[2 marks]

b Which **two** statements are **true**? Put a cross in the correct boxes.

A	Theo likes to make people laugh.	
B	Theo thinks his friends are stupid.	
C	Theo is sixteen.	
D	Theo is the tallest in his class.	

[2 marks]

2 These teenagers had to spell out their surnames when applying for gym membership. Write them in the gaps.

a Célia .... *[1 mark]*

b Baya .... *[1 mark]*

c Enzo .... *[1 mark]*

3 Lis l'email de Tania qui parle d'elle-même. Réponds aux questions **en français**.

> Je m'appelle Tania, j'ai seize ans et je suis française. J'habite dans une petite ville près de La Rochelle avec ma famille.
> Je suis assez grande, mais je ne suis pas aussi grande que mon frère. Il aime toujours me rappeler qu'il est déjà plus grand que notre père même s'il n'a que quatorze ans. Mes cheveux sont blonds et courts, et j'ai les yeux verts. Je suis sportive et j'aime nager et jouer au football. Je joue au football tous les samedis depuis trois ans.

a Comment est Tania ? Donne **deux** détails.

1. ....

2. .... *[2 marks]*

b Son frère est très fier. Pourquoi ?

.... *[1 mark]*

c Qu'est-ce qu'elle dit sur le football ? Donne **un** détail.

.... *[1 mark]*

4 Traduis le passage suivant **en français.**

> Grace is fifteen years old. She lives in a small town in the north of England, but she was born in Southampton. When she was younger she had long, curly hair, but now, she has short, straight hair. She is chatty and she always has a good sense of humour.

....

....

....

....

....

....

[12 marks]

Score: ☐ / **23**

My Family

1 Écoute ces gens qui participent à une émission de radio sur le thème « Ma famille ». Pour chaque personne, choisis la phrase correcte et écris la bonne lettre dans la case.

A	J'ai un frère qui est plus âgé que moi.
B	Ma tante et mon oncle s'occupent de moi.
C	Mon père s'est remarié.
D	Je n'habite plus chez mes parents.

a	Claudine	
b	Jamilah	
c	Quentin	

[3 marks]

2 Traduis le passage suivant **en français**.

My family is quite big because my parents are divorced. I live with my mum and my stepfather, but I see my dad and his girlfriend at the weekend. Sometimes, it's quite complicated, especially at Christmas. Last year, I spent the Christmas holidays with my mother. I don't know where I will be this year.

....

....

....

....

....

....

....

[12 marks]

Score: /15

Describing People

1 Choose the photo that matches the description and write the letter in the box.

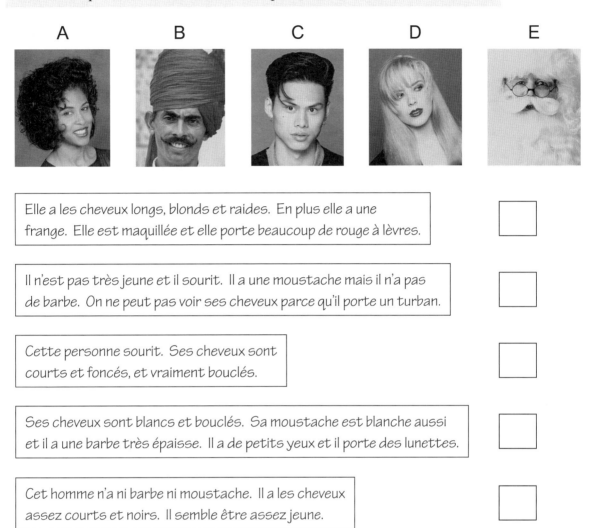

A

B

C

D

E

a Elle a les cheveux longs, blonds et raides. En plus elle a une frange. Elle est maquillée et elle porte beaucoup de rouge à lèvres. ☐

b Il n'est pas très jeune et il sourit. Il a une moustache mais il n'a pas de barbe. On ne peut pas voir ses cheveux parce qu'il porte un turban. ☐

c Cette personne sourit. Ses cheveux sont courts et foncés, et vraiment bouclés. ☐

d Ses cheveux sont blancs et bouclés. Sa moustache est blanche aussi et il a une barbe très épaisse. Il a de petits yeux et il porte des lunettes. ☐

e Cet homme n'a ni barbe ni moustache. Il a les cheveux assez courts et noirs. Il semble être assez jeune. ☐

[5 marks]

2 Albert and Patricia are trying to describe a burglary suspect to a police officer.
Which of these statements are true? Put a cross in each one of the **three** correct boxes.

A	Patricia thinks that the man was short.	
B	Patricia says that the man was quite slim.	
C	Albert thinks that the man was tall and fat.	
D	The man was wearing glasses	
E	Patricia believes that the man had long, dark hair.	
F	According to Albert, the man had short hair.	
G	Albert saw the man's face clearly.	

[3 marks]

3 Read this email Camille sent to her cousin describing people at school.

> *Je vais décrire mes professeurs. J'aime beaucoup mon professeur d'anglais parce qu'il est sympa. Il est grand et mince et il a les cheveux gris et courts. Je me trompe peut-être, mais je crois qu'il a environ cinquante ans. Au contraire, ma professeur de dessin est très jeune, elle a environ vingt-cinq ans. Elle est assez petite et un peu grosse. Mon professeur de chimie est laid et très vieux et il a une barbe sale. Il n'est pas méchant mais il nous donne trop de devoirs et c'est pourquoi je ne l'aime pas du tout.*

Put a cross in the correct box.

a Which description matches Camille's English teacher?

A	tall and thin with short hair	
B	tall with grey eyes	
C	medium height with grey hair	

[1 mark]

b What does she say about her art teacher?

A	She is short and pretty.	
B	She is good fun.	
C	She is very young.	

[1 mark]

c Why doesn't Camille like her chemistry teacher?

A	He is old and ugly.	
B	He gives them too much homework.	
C	He is nasty.	

[1 mark]

4 Traduis le passage suivant **en français**.

> I have two sisters and one brother. My brother is small, but he is very intelligent. He is quite sporty, like me. My sisters are really silly and selfish. They argue all the time. That annoys me.

....

....

....

....

....

[12 marks]

Score: ☐ **/ 23**

 ☐  ☐  ☐

Personalities

1 Lis les commentaires sur un site de rencontres et identifie la bonne personne.

Je m'appelle Étienne, je viens de Nantes et j'ai trente-deux ans. Je suis gentil et généreux et mes amis disent que je suis très compréhensif. J'aimerais rencontrer quelqu'un qui soit travailleur et honnête.

Je suis Sylvie et j'habite à Rouen. J'ai un bon sens de l'humour et je suis toujours vive. Quelquefois je suis un peu folle mais je crois que la plupart du temps je suis amusante. Je cherche un homme qui soit plein de vie et qui ne soit jamais ennuyeux.

Je m'appelle Louis et je viens de Marseille. Je voudrais rencontrer quelqu'un qui ne soit ni méchant ni égoïste. Je suis sportif et mon partenaire idéal ne devrait pas être paresseux.

Qui est la personne correcte? Choisis entre : **Étienne**, **Sylvie** et **Louis**.

a .... cherche un partenaire qui peut l'amuser. *[1 mark]*

b .... cherche un partenaire qui est très actif. *[1 mark]*

c .... cherche un partenaire qui ne ment pas. *[1 mark]*

2 Several students were interviewed about their family. What are their relatives like? Choose between: **rude**, **hard-working**, **lively** and **funny**. Use each word only **once**.

a Tristan's step-father is .... *[1 mark]*

b Héloïse's cousin is .... *[1 mark]*

c Gregor's grandfather is .... *[1 mark]*

c Mirah's half-sister is .... *[1 mark]*

Score: ☐ / 7

Pets

1 Translate the following passage **into English**.

> J'ai un chien qui est grand et noir, et il s'appelle Coco. Selon moi, Coco est le chien le plus effronté de la Terre parce qu'il aime voler les chaussettes de toute ma famille. Hier, nous avons joué dans le jardin avec son jouet préféré — une balle de tennis. Il a couru après la balle quand je l'ai lancée, et puis il me l'a ramenée.

....

....

....

....

....

....

[7 marks]

2 Lis ces commentaires des jeunes sur leurs animaux domestiques.

Claude	J'ai un lapin. C'est un lapin mignon, mais un peu ennuyeux, il passe tout le temps à manger ou à dormir.
Lena	Mon chien s'appelle Hugo. Il est très fidèle et n'est jamais têtu. Pourtant, il est super aventureux donc il a besoin de promenades très longues.
Faiz	J'adore mes poissons rouges. Ils ne font pas grand chose, c'est vrai, mais je suis très paresseux et c'est facile de m'en occuper.
Naima	J'ai un lézard, et de temps en temps il est de mauvaise humeur — il m'a mordu hier. Cependant, c'est un animal que je pourrais regarder pendant des heures.

Qui est la personne correcte? Choisis entre : **Lena**, **Faiz** et **Naima**.

Example: L'animal domestique de ....Claude.... n'est pas très passionnant.

a .... est fasciné(e) par son animal domestique. *[1 mark]*

b .... doit prendre de l'exercice à cause de son animal domestique. *[1 mark]*

c .... n'aimerait pas avoir un animal domestique qui a besoin de beaucoup d'activité. *[1 mark]*

Score: /10

Style and Fashion

1 Samir et Maya parlent de la mode. Complète les phrases en choisissant un mot ou des mots dans la case. Il y a des mots que tu n'utiliseras pas.

~~importante~~	blouson	la bijouterie
coiffer	ennuyeux	couper les cheveux
les magazines	gilet	passionnants

Example: Samir dit que la mode est vraiment importante .

a Il cherche les styles à la mode dans .... *[1 mark]*

b Il aimerait un nouveau .... *[1 mark]*

c Maya ne pense pas que les vêtements à la mode soient .... *[1 mark]*

d Maya aime se faire .... *[1 mark]*

2 Traduis le passage suivant **en français**.

I have my own style — I don't want to look like models or celebrities. I have three tattoos and I always wear jewellery. Last week, I bought some leather boots. I think that they are quite retro. I would also like to find a silk shirt because that would suit me.

....

....

....

....

....

....

....

[12 marks]

Score: ☐ / **16**

Relationships

1 Traduis le passage suivant **en français**.

I met my two best friends at a youth club. Edith is very funny and chatty, like me. Delphine is shy but kind and generous. They are very different but they are very nice and we spend lots of time together. We get on well. Sometimes it is difficult to make friends.

....

....

....

....

....

....

....

[12 marks]

TRACK LISTENING 09

2 Listen to the radio discussion about role models. For each question, put a cross in each of the **two** correct boxes.

(i) What does Mathilde say about role models?

A	I try to be exactly like my role model.	
B	I look up to athletes.	
C	My coach is my role model.	
D	I was inspired to change my routine.	
E	I have already met my heroes.	

[2 marks]

(ii) What does Niamh say about role models?

A	I used to admire a musician.	
B	My role model is musical.	
C	I don't think you need a role model.	
D	Everyone needs someone to follow.	
E	Role models should be honest and generous.	

[2 marks]

Score: ☐ **/ 16**

Socialising with Friends and Family

1 Lis cet article au sujet de l'amitié. Réponds aux questions **en français**.

> **Quelles sont les qualités d'un bon ami ?**
> Les résultats d'un sondage ont montré que les Français pensent qu'un bon ami doit surtout savoir écouter ses amis. Selon le sondage, en deuxième vient la fidélité, et en troisième c'est la compréhension : en temps de crise un bon ami doit être compréhensif. Ils pensent aussi qu'un bon ami doit savoir garder les secrets.
> **Où se rencontrent les amis ?**
> Les hommes ont dit qu'ils ont rencontré la plupart de leurs amis au travail. Pour les femmes, elles se sont rencontrées surtout à l'école.

a Quelle est la qualité la plus importante pour un bon ami ?

.... *[1 mark]*

b Que faut-il faire si un ami a des problèmes graves ?

.... *[1 mark]*

c Quelle est la différence entre les sexes mentionnée dans l'article ?

....

.... *[2 marks]*

TRACK LISTENING 10

2 Pascale is talking about her friends and family.
Put a cross in the correct box to complete the sentences.

a She sees her grandparents...

A	at family parties.	
B	during the school holidays.	
C	every day.	

[1 mark]

b Pascale's aunt...

A	lives far away.	
B	just got married.	
C	has two children.	

[1 mark]

c Pascale and Kelise both enjoy...

A	playing the piano.	
B	classical music.	
C	singing in a choir.	

[1 mark]

Score: ☐ / **7**

Partnership

1 Armand et Zoé parlent du mariage. Complète les phrases en choisissant un mot ou des mots dans la case. Il y a des mots que tu n'utiliseras pas.

avoir une famille	immédiatement	vivre ensemble
à l'avenir	faire une grande fête	avec sa copine
vivre seul		penser au mariage

a Armand ne veut pas se marier .... *[1 mark]*

b Il aime .... *[1 mark]*

c Zoé espère .... *[1 mark]*

d Le copain de Zoé croit qu'il est trop tôt de .... *[1 mark]*

READING

2 Translate the following passage **into English**.

> Je sors avec mon petit ami depuis dix ans. Il est mon partenaire idéal parce que nous avons les mêmes intérêts. Pourtant nous ne nous marierons pas parce que ça coûte trop cher. Personnellement, je trouve que le mariage est démodé. Nous pouvons habiter ensemble sans être mariés et nous allons acheter une maison.

....

....

....

....

....

....

....

....

[7 marks]

Score: ☐ / **11**

☐ ☐ ☐

Everyday Life

1 Traduis le passage suivant **en français**.

I get up at 7 o'clock. I have a shower and then I get dressed. I have breakfast and I watch television. I leave the house at half past eight and walk to school. When it rains my dad drives me to school. School starts at 9 o'clock and you must not be late.

....

....

....

....

....

....

[12 marks]

READING

2 Lis ces annonces et réponds aux questions.
Mets une croix dans la case correcte.

Étudiant honnête cherche du travail. Je peux vous aider à passer l'aspirateur, à nettoyer les salles de bain et la cuisine ou à laver la voiture: tous les travaux domestiques que vous détestez ! Je suis libre le lundi, le mardi et le samedi.

a Qu'est-ce que cet étudiant peut faire pour t'aider à la maison ?

A	faire la vaisselle	
B	laver la douche et le bain	
C	ranger les chambres	

[1 mark]

Avez-vous besoin de quelqu'un qui peut prendre soin de votre pelouse et de vos fleurs, et qui est aussi capable de réparer une fenêtre ? Je peux vous aider et rendre votre vie plus facile. Appelez-moi, Marie Duris, au 06 78 93 02 12.

b Marie Duris vous offre de l'aide avec quelle tâche ?

A	le soin des enfants	
B	la cuisine	
C	le jardinage	

[1 mark]

Score: ☐ / **14**

Food

1 Écoute ce reportage sur la nourriture. Pour chaque question, mets une croix dans chacune des **deux** cases correctes.

(i)

A	Nos habitudes alimentaires ne sont pas comme avant.	
B	On dit qu'on mange plus sainement que dans le passé.	
C	Certains croient que les jeunes devraient manger plus de légumes.	
D	Il y a eu un développement positif.	

[2 marks]

(ii)

A	Les restaurants provoquent toujours des problèmes.	
B	Il est facile d'acheter de la nourriture grasse, si on veut.	
C	Pour vivre sainement, il ne faut jamais manger de chocolat.	
D	Beaucoup d'experts pensent qu'on devrait manger un peu de tout.	

[2 marks]

2 Lis ce blog qu'Alexandra a écrit sur le dîner qu'elle a préparé pour ses amies. Réponds aux questions **en français**.

> Hier soir, cinq de mes amies sont venues chez moi pour dîner. Comme hors d'œuvre j'ai préparé un plat d'escargots avec du beurre à l'ail. Certains croient que les français mangent des escargots tout le temps, mais ce n'est pas le cas. Mais pour un repas spécial, ils sont un vrai plaisir. Puis on a mangé du saumon avec des pommes de terre, des haricots verts et des carottes. Tout allait bien et j'étais fière de mes efforts. Cependant, le dessert était une catastrophe. J'ai essayé de préparer une 'omelette norvégienne', un dessert qui se compose de gâteau recouvert de glace et de meringue, et mis au four. Malheureusement, la glace a fondu dans le four, ce que mes amies ont trouvé très drôle !

a Qu'est-ce qu'elle a cuisiné pour le hors d'œuvre ?

.... *[1 mark]*

b Qu'est-ce qu'elles ont mangé avec le saumon ? Donnez **trois** détails.

....

.... *[1 mark]*

c Quelles sont les ingrédients d'une 'omelette norvégienne' ? Donnez **trois** détails.

.... *[1 mark]*

Score: ☐ **/ 7**

Shopping

1 Translate the following passage **into English**.

> Mes parents me donnent 40 euros par mois. Je mets de l'argent de côté pour acheter les vêtements que je vois dans les magazines. Cette saison tous les mannequins portent des gilets. J'ai déjà beaucoup de vêtements que j'ai achetés récemment mais ils ne sont plus à la mode.

[7 marks]

TRACK LISTENING 13

2 Some shoppers were interviewed as part of a competition in a shopping centre. Answer the questions in **English**.

Example: What does Abdoul say he prefers to do?

window-shopping *[1 mark]*

(i) Which **two** extra items did Frédéric buy?

1. ....

2. .... *[2 marks]*

(ii) Why didn't Manon buy anything?

.... *[1 mark]*

3 Traduis le passage suivant **en français**.

My friends are going to stay at my house, so I went to the supermarket this morning. I bought half a kilogram of beef, some green beans and some ice cream. Usually I prefer to do my shopping online because it is easier. However, sometimes I like to go into town.

[12 marks]

READING

4 Translate the following passage **into English**.

La semaine prochaine je vais aller en vacances, donc demain j'irai au centre-ville pour acheter des vêtements neufs. Je voudrais deux robes en rose pâle et bleu foncé, un short, deux paires de sandales et un blouson. J'espère que le temps sera beau, donc j'ai besoin d'un maillot de bain, d'un chapeau de soleil et de crème solaire.

[7 marks]

Score: /30

Technology

1 Traduis le passage suivant **en français**.

All my friends spend time online. This year, I got a laptop for my birthday. It is useful because I have a lot of homework. However, I also like surfing the Internet. I would like to buy a new mobile phone with a touch screen but it's too expensive.

....

....

....

....

....

....

[12 marks]

2 Read these forum comments about using the Internet.

	J'adore Internet. Je parle souvent avec mes amis et je passe des heures devant l'écran. Pour moi, c'est important de pouvoir communiquer avec les autres sans quitter la maison. On peut toujours faire de nouvelles connaissances. C'est très sociable donc on ne se sent jamais seul. — **Laure**
	Je suis un vrai internaute. Je surfe sur Internet tous les jours. Par contre, je pense qu'il faut faire attention en utilisant Internet parce que les gens peuvent voler des renseignements personnels. On doit se protéger contre le crime en ligne. Moi, je ne partage jamais mes détails personnels. — **Marc**
	Personnellement, je n'aime pas Internet. Les jeunes s'en servent pour télécharger des films et de la musique illégalement. Cela a des effets négatifs pour les artistes. En plus, beaucoup de magasins de disques ont fermé car on peut trouver les mêmes produits en ligne sans payer. — **Alex**

Who says what about using the Internet? Enter either **Laure**, **Marc** or **Alex** in the gaps below.

Example: ......Alex...... says that young people commit crimes online.

a .... says that the Internet can be dangerous. *[1 mark]*

b .... says that the Internet is useful for socialising. *[1 mark]*

c .... says that the Internet put shops out of business. *[1 mark]*

3 Listen to this radio debate about technology.
Complete the sentences **in English**.

Example: This boy thinks that...

A	the Internet is useful.	
B	technology is interesting.	
C	the Internet can be a bit dangerous.	X
D	smartphones are useful.	

a This girl uses technology to...

A	learn new things.	
B	talk to her friends in Spain.	
C	read the news.	
D	study for school.	

[1 mark]

b This boy thinks that young people...

A	should always stay connected.	
B	use their tablets too much.	
C	are at risk of health problems.	
D	have too many electronic devices.	

[1 mark]

4 Traduis le passage suivant **en français**.

I find technology very useful. However, it seems to me that many people are addicted to their tablets. Also, my friends spend too much time on their mobile phones. They send messages all the time. It's really annoying. We used to play football together but now they prefer to surf the Internet.

....

....

....

....

....

....

....

[12 marks]

Score: /29

Social Media

1 Translate the following passage **into English**.

Je suis accro aux réseaux sociaux. Je veux savoir ce que font mes amis et je pense que c'est un bon moyen de communiquer et de rencontrer les autres. L'année dernière, par exemple, j'ai fait la connaissance d'un garçon au Canada et nous tchattons en ligne chaque semaine.

....

....

....

....

....

....

....

[7 marks]

TRACK LISTENING 15

2 Écoute ces interviews au sujet des réseaux sociaux. Pour chaque question, mets une croix dans chacune des **deux** cases correctes.

Example: Cho:

A	Elle n'utilise jamais les réseaux sociaux.	
B	Elle dit qu'on devrait être prudent concernant ce qu'on partage.	X
C	Elle connaît quelqu'un qui a eu des problèmes graves.	
D	Elle croit que les réseaux sociaux peuvent être dangereux.	X

(i) Jules:

A	Il préfère que ses vidéos restent privées.	
B	Il aime montrer à tout le monde qu'il s'amuse.	
C	Il envoie des messages constamment.	
D	Il aime voir ce que font les autres.	

[2 marks]

(ii) Clara:

A	Elle met toujours toutes ses photos en ligne.	
B	Elle demande la permission avant de partager des photos.	
C	Tout le monde peut voir les photos qu'on poste.	
D	Il est facile de supprimer les choses qu'on a mises en ligne.	

[2 marks]

Score: ☐ **/11**

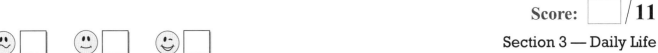

The Problems with Social Media

1 Traduis le passage suivant **en français**.

My parents don't want me to use social networks. They think that it can be very dangerous, but I don't agree. I don't upload my photos and I never share my videos. We discuss the problems like bullying at school. However, I think that the teachers should give us more information.

[12 marks]

2 Translate the following passage **into English**.

Je dois utiliser les réseaux sociaux pour mon travail. Je les trouve pratiques pour organiser ma vie. Pourtant, je crois qu'il est important d'être responsable parce que les autres peuvent voir ce qu'on met en ligne. J'écris un blog de mode mais je ne partagerais jamais d'informations personnelles.

[7 marks]

Score: /**19**

Celebrations and Festivals

1 Read Marie's blog about festivals in French Guiana.
Answer the questions **in English**.

Ici en Guyane française, on fête bon nombre de festivals que l'on célèbre en France, comme la fête nationale, Pâques et Noël. Les jours fériés sont les mêmes qu'en France, sauf qu'il y en a quelques-uns de plus. Par exemple, nous avons la commémoration de l'abolition de l'esclavage dans les colonies françaises. Cela a lieu chaque année le dix juin. Il y a de la danse, du théâtre et des conférences pour que les gens apprennent plus sur le passé du pays.

Il y a aussi quelques festivals culturels, comme le festival de jazz à Cayenne, la capitale du pays. Moi, j'adore ce festival parce qu'il y a de la musique en plein air au jardin botanique, et l'ambiance est superbe. En plus, on invite des musiciens du monde entier pour y participer, donc c'est très international. Je trouve cela formidable.

a List **two** festivals which are celebrated in both France and French Guiana.

.... *[2 marks]*

b What is the aim of the conferences held on 10th June?

.... *[1 mark]*

c Why does Marie enjoy the jazz festival? Give **two** details.

1. ....

2. .... *[2 marks]*

2 Listen to this podcast about Eid. What does the speaker talk about?
Put a cross in each of the **three** correct boxes.

A	what time everyone gets up	
B	the clothes people wear to the mosque	
C	what Muslims eat in France	
D	what the guests do at the party	
E	the songs people sing	
F	the presents given to the children	
G	the games the children play	

[3 marks]

3 Listen to this radio programme about how New Year is celebrated in France. Complete the sentences by putting a cross in the correct box for each question.

(i) a According to Madame Romero, on New Year's Eve guests usually arrive...

A	around 8 pm.	
B	just before 9 pm.	
C	whenever they feel like it.	

[1 mark]

b When celebrating New Year's Eve, guests...

A	must finish eating before midnight.	
B	start eating long before 10 pm.	
C	eat around 10 pm or 11 pm.	

[1 mark]

(ii) a After midnight, the guests...

A	go home straight away.	
B	continue to celebrate.	
C	play games.	

[1 mark]

b "Les étrennes" are...

A	special sweets made at New Year.	
B	the meals eaten on New Year's Day.	
C	gifts of money or sweets.	

[1 mark]

4 Traduis le passage suivant **en français**.

The 14th July is Bastille Day in France. Lots of tourists go to Paris to see the processions. This year, I went to a park near the Eiffel Tower to watch the fireworks. It was a great experience. My friends would like to visit Paris next year, so we will celebrate together.

....

....

....

....

....

....

[12 marks]

Score: ___ **/ 24**

Books and Reading

1 Read the article about a reading group.

Le premier jeudi du mois, des habitants du petit village de Millome se retrouvent au club de lecture pour discuter et pour débattre. C'est une initiative du professeur Carole Chemin, qui a remarqué que ses élèves ne s'intéressaient plus à la lecture. Elle voulait leur faire comprendre que la lecture, ce n'est pas que la littérature.

Toutefois, le club n'est pas réservé aux jeunes. Bien au contraire, tout le monde y est le bienvenu, et les membres ont tous le droit de proposer des textes à lire. Il s'agit parfois de textes factuels ou d'articles Internet, mais on discute aussi de romans et d'histoires traditionnelles. Le club est devenu un grand succès, et cela fait plaisir aux générations différentes du village de faire quelque chose ensemble.

What does the article tell us? Put a cross next to the **three** correct statements.

A	The group meets once a week.	
B	Carole Chemin's students used to find reading boring.	
C	Carole wanted to make her students enthusiastic about literature.	
D	The group is only for young people.	
E	Everyone in the group can suggest things to read.	
F	Sometimes the group discusses texts found online.	
G	The residents of the village want to do more activities together.	

[3 marks]

2 Traduis ce passage **en français**.

I love reading, so my favourite subject at school is English. I read lots of magazines and I also like novels because you can forget your problems. Last week I read an exciting crime novel. I would like to talk about books with my friends but they think that reading is boring.

....

....

....

....

....

....

[12 marks]

Score: ☐ **/15**

 ☐  ☐  ☐

Film

1 Traduis le passage suivant **en français**.

I love going to the cinema and I prefer to watch films on a big screen. Last night, I went to the cinema with my friends. The film was quite funny but I prefer detective films. This year, I would like to hire a cinema for my birthday. I think that would be great.

....

....

....

....

....

....

....

....

[12 marks]

TRACK LISTENING 18

2 Listen to this radio report about the Lumière brothers.
Answer the questions in **English**.

a What does the cinematograph device do?

.... *[1 mark]*

b How long was the Lumière brothers' first film?

.... *[1 mark]*

c Give **two** details about the first paying public film screening.

1. ....

2. .... *[2 marks]*

Score: ☐ **/16**

TV

1 Read these responses to an online questionnaire about TV.

Qu'est-ce que tu aimes regarder à la télé?			
Annabelle 	J'aime regarder les émissions informatives comme les documentaires et les actualités, mais je ne peux pas supporter les jeux télévisés.	Bastien	Je suis très sportif et j'adore regarder les émissions de sport. Je regarde un match de football tous les soirs, même si ce n'est pas mon équipe préférée.

Est-ce que tu penses qu'on regarde trop de télé?			
Annabelle 	Je pense qu'il y a beaucoup d'émissions intéressantes à la télé, et on peut profiter de toute cette variété. Pourtant je trouve qu'il y a trop de publicités.	Bastien 	Selon moi, ce qui est important, c'est la qualité de ce qu'on regarde. La télévision peut nous aider à comprendre les gens. Même les feuilletons peuvent nous faire apprendre quelque chose de la vie.

Who says what about TV? Enter either **Annabelle** or **Bastien** in the gaps below.

a .... says that some programmes are not worth watching. *[1 mark]*

b .... says that there is too much advertising on TV. *[1 mark]*

c .... says that TV can help us understand other people. *[1 mark]*

2 Traduis le passage suivant **en français**.

I don't watch much television, but I watch it when my father is not at home. I like to watch a bit of everything. I like a great variety of programmes, especially soap operas because they are funny. I also love game shows, but I hate reality TV because it's false.

....

....

....

....

....

....

[12 marks]

Score: ☐ / **15**

Sport

1 Traduis le passage suivant **en français**.

> My favourite sport is basketball. I have been playing basketball for three years. I train twice a week after school and sometimes there is a tournament at the weekend. Last week my team won. I also play tennis on Saturdays. In the future, I would like to learn how to ski.

[12 marks]

READING

2 Translate the following passage into **English**.

> Je suis très fier de ma sœur car elle est très douée pour le sport. Malheureusement, je ne suis pas sportif. Quand j'étais plus jeune, j'ai essayé de faire beaucoup de sports mais je n'avais pas de talent. Pour rester en bonne forme, je cours trois fois par semaine, mais c'est difficile et barbant.

[7 marks]

3 Lis ce site Internet qui parle du Tour de France. Réponds aux questions **en français**.

Le Tour de France est la compétition cycliste la plus importante du monde et peut-être l'événement sportif français le plus célèbre. Le premier Tour de France a été organisé en 1903 et la course a eu lieu presque chaque année depuis cette première compétition. Les seules exceptions ont été pendant les deux guerres mondiales, quand le Tour a été annulé.

Aujourd'hui les cyclistes qui participent au Tour sont de plus de trente nationalités. La route change chaque année et souvent la course commence dans un autre pays — en 2014, par exemple, la course a commencé dans la ville de Leeds, en Angleterre. Mais le format de la course reste toujours le même — il y a un passage à travers les montagnes des Pyrénées et des Alpes, et la course finit sur les Champs-Élysées à Paris.

a Qu'est-ce qui s'est passé en temps de guerre ?

.... *[1 mark]*

b Dans quel pays a commencé le Tour de France en 2014 ?

.... *[1 mark]*

c Décris le format de la course. Donne **deux** détails.

1. ....

2. .... *[2 marks]*

TRACK LISTENING 19

4 Listen to this podcast about the recent Olympic Games.
Answer the questions in **English**.

a Which sports did Nelly like best? Give **three** details.

.... *[3 marks]*

b Which part of the Olympic Games did Kemal enjoy?

.... *[1 mark]*

c How many silver medals did France win?

.... *[1 mark]*

d Why was Dina particularly happy about the cycling results?

.... *[1 mark]*

Score: ☐ / **29**

Music

1 Translate this post from a forum about music into **English**.

J'adore la musique. J'aime tous les genres de musique. J'écoute de la musique tout le temps, normalement sur mon portable. Hier, j'écoutais de la musique en marchant au collège quand j'ai commencé à chanter avec la musique. Mes amis me regardaient mais je ne savais pas pourquoi !

....

....

....

....

....

....

....

[7 marks]

2 Teenagers were asked to call in to a local radio station and give their opinion about music. Put a cross in the correct box for each question.

Example: In the future, Mark would like to...

A	go to a rock concert.	
B	be in a rock band.	X
C	learn to play a new instrument.	

a Kenza...

A	can play Beethoven's symphonies.	
B	is learning an instrument at school.	
C	sings in a choir.	

[1 mark]

b Alain...

A	doesn't like music.	
B	likes the music his friends play.	
C	likes dancing to music.	

[1 mark]

Score: /9

The Home

1 Translate the following passage **into English**.

J'habite avec mes parents, mon frère et ma sœur. Quand j'étais plus jeune, nous habitions dans un appartement au centre-ville. Maintenant, nous habitons dans une grande maison qui se trouve près du parc. J'aime ma maison parce qu'il y a beaucoup d'espace pour toute la famille. Pourtant, la maison est très vieille.

....

....

....

....

....

....

[7 marks]

TRACK LISTENING 21

2 Listen to this person describing her home.
Choose the correct answer for each question and put a cross in the box.

a Where is the flat?

A	near the shops	
B	on the third floor	
C	on the first street on the left	
D	on the ground floor	

[1 mark]

b How many people live there?

A	one	
B	two	
C	three	
D	four	

[1 mark]

c Why does she like the kitchen?

A	It smells of coffee.	
B	It's nice and big.	
C	It has a balcony.	
D	It's small and cosy.	

[1 mark]

Score: ☐ / **10**

Talking About Where You Live

1 Read Mattéo's post on a website and Chantelle's reply. Answer the questions in **English.**

Mattéo	*Je viens de visiter Paris, et vraiment je ne voudrais jamais revenir dans cette ville affreuse. La circulation était vraiment effrayante, je n'avais jamais vu autant de voitures au centre d'une ville. Il y avait un embouteillage dans chaque rue et par conséquent, la pollution de l'air et le bruit étaient insupportables.*
Chantelle 	*Comment peux-tu écrire une telle chose, Mattéo ? Paris est la ville la plus belle du monde ! Oui, c'est vrai qu'il y a beaucoup de circulation mais on ne peut pas trouver une autre ville avec autant d'histoire et de culture. Viens voir la ville avec une parisienne et je te montrerai les merveilles de Paris ! Il te reste beaucoup à découvrir.*

a Why doesn't Mattéo like Paris? Give **one** detail.

.... *[1 mark]*

b How does Chantelle describe Paris?

.... *[1 mark]*

c What does Chantelle offer to do?

.... *[1 mark]*

TRACK LISTENING 22

2 Écoute ces gens qui parlent des villes où ils habitent. Pour chaque personne, choisis l'expression qui décrit leur ville. Écris la bonne lettre dans la case.

A	à la campagne
B	à la montagne
C	au bord de la mer
D	une ville de production
E	dans une région isolée

a Yvette ☐ *[1 mark]*

b Thomas ☐ *[1 mark]*

3 Traduis le passage suivant **en français**.

I have lived in La Rochelle for five years. La Rochelle is in the south-west of France. It is a very lively town and there is always something to do. You can go to the beach or go surfing. I would like to stay here because I like living close to the sea.

....

....

....

....

....

....

....

[12 marks]

READING

4 Lis ce que Jean a écrit sur sa ville. Réponds aux questions **en français**.

J'habite à Bruxelles. Bruxelles a une population d'environ deux cent mille habitants. C'est une ville très notable parce que c'est la capitale de la Belgique et que la plupart des institutions de l'Union européenne y sont situées. C'est aussi une très belle ville, avec un grand nombre de bâtiments anciens et intéressants au cœur de la ville. Il y a beaucoup de touristes qui viennent visiter la ville — quelquefois ça m'énerve mais généralement j'aime habiter ici.

a Bruxelles est une ville importante pour quelles raisons ? Donne **deux** raisons.

1. ....

2. .... *[2 marks]*

b Qu'est-ce qu'il y a au centre ville ?

.... *[1 mark]*

c Qu'est-ce que Jean pense des touristes ?

.... *[1 mark]*

Score: ☐ / **21**

 ☐  ☐  ☐

Weather

1 Traduis le passage suivant **en français**.

Today it is sunny and very hot in the south of France. In the north of France, it is cloudy. Tomorrow it will be windy in the south but the weather will be fine. However, in the north, it will rain and it will be quite cold, but there will be bright spells in the afternoon.

....

....

....

....

....

....

[12 marks]

2 You read Rose's online review of her family holiday in London.

Le matin du départ, il faisait mauvais et notre vol était retardé parce qu'il y avait des vents forts. Quand finalement nous sommes arrivés à Londres, il faisait très froid et il pleuvait. En fait, il a plu toute la semaine, sauf notre dernier jour quand il a neigé ! Nous n'avons pas pu visiter les parcs à cause de la pluie — nous ne voulions pas être trempés. Pour couronner le tout, le jour de notre départ il y avait des orages, du tonnerre et des éclairs. J'avais vraiment peur et je ne voulais pas sortir de l'hôtel. J'irai en Espagne l'année prochaine !

What does the article tell us? Put a cross next to the **three** correct statements.

A	The flight was delayed because of heavy rain.	
B	It was very cold when they arrived in London.	
C	It rained every day.	
D	The weather stopped the family going out.	
E	There was a storm on their last day.	
F	Rose was angry about the weather.	
G	Rose enjoyed staying in the hotel.	

[3 marks]

Score: ☐ / **15**

Where to Go

1 Traduis le passage suivant **en français**.

I love to go on holiday with my family and last year, we spent two weeks in Spain. I prefer holidays by the sea because I like to swim. However, my parents prefer to visit different cities, so next summer, we will go to Rome. I have never been to Italy so it will be very interesting.

....

....

....

....

....

....

[12 marks]

READING

2 Read this online advert for holiday jobs. Answer the questions below **in English**.

Vous vous ennuyez pendant les grandes vacances ? Vous ne savez pas quoi faire ?

Plus d'un quart des jeunes en France partent en vacances avec leur famille parce qu'ils pensent que c'est trop cher de partir seul ou avec des copains.

Alors vous êtes parmi ceux qui n'ont pas beaucoup d'argent ? Pourquoi ne pas trouver un job d'été ? Vous pouvez travailler dans une colonie de vacances dans un autre pays européen. Comme ça, vous apprendrez une autre langue tandis que vous gagnerez un peu d'argent.

a Why do over a quarter of young French people go on holiday with their parents?

.... *[1 mark]*

b Where does the article suggest young people work? Give **one** detail.

.... *[1 mark]*

c What are the **two** advantages of working there?

1. ....

2. .... *[2 marks]*

Score: ☐ / **16**

 ☐  ☐  ☐

Accommodation

1 Écoute ces interviews. Pour chaque question, mets une croix dans chacune des **deux** cases correctes.

(i) a Zamzam

A	Elle passe ses vacances avec sa famille.	
B	Elle va toujours aux magasins pendant le séjour.	
C	Elle achète de la nourriture avant de partir en vacances.	
D	Elle part à la campagne.	

[2 marks]

(ii) a Rayad

A	Il aime faire du camping.	
B	Il aime les vacances à la campagne.	
C	Il n'est pas obligé de payer ses vacances.	
D	Il aime la nourriture.	

[2 marks]

b Nathalie

A	L'auberge de jeunesse ne coûtait pas cher.	
B	Elle avait sa propre salle de bains dans l'auberge.	
C	Les dortoirs n'étaient pas propres.	
D	Elle va y retourner l'année prochaine.	

[2 marks]

2 Traduis le passage suivant **en français**.

Last year my family stayed in a small hotel in England. What a disaster! Our room was very small. The bathroom was really dirty, it was disgusting. The food in the restaurant was terrible and the waiter was rude. Next year we will go to China and visit a theme park.

....

....

....

....

....

....

[12 marks]

Score: /**18**

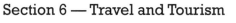

Getting Ready to Go

1 Translate the following passage **into English**.

> L'hôtel le plus nouveau de Paris vient d'ouvrir ses portes. Il se trouve au centre-ville tout près de la tour Eiffel. On y arrive très facilement, grâce au bon réseau de transports publics à Paris. A l'hôtel, il y a un grand restaurant avec un bon choix de spécialités françaises. Pour réserver une chambre dans cet hôtel magnifique, visitez son site Internet.

....

....

....

....

....

....

....

[7 marks]

TRACK LISTENING 24

2 You telephone a hotel in France to book your summer holiday.
Listen to the answerphone message.

Example: Where is the hotel?

Cannes

a Which option do you need for a summer holiday?
Write the correct number in the box. ☐ *[1 mark]*

b What would you find on the hotel website?

.... *[1 mark]*

c Which **three** details should you provide if you wish to speak to someone?

1. ....

2. ....

3. .... *[3 marks]*

Score: ☐ / **12**

 ☐  ☐  ☐

How to Get There

1 Traduis le passage suivant **en français**.

Last summer, I went to France with my friend. We travelled by car and boat. The crossing lasted one hour but unfortunately my friend felt ill. The car journey was long but interesting. Usually I prefer to take the aeroplane because it is quicker. Next year we will visit Germany by train.

[12 marks]

2 Translate the following passage **into English**.

Le transport en commun français est excellent. Dans les grandes villes, il y a le métro qui ne coûte pas cher. Pour voyager dans le pays, il y a le TGV qui est très rapide et un système d'autoroutes très bien développé.

[7 marks]

Score: /19

What to Do

1 Lis ces descriptions sur un site de tourisme.

Lyon	Ville gastronomique avec un bon choix de restaurants pour tous les goûts.
Bordeaux	Une ville intéressante avec beaucoup de musées et d'architecture magnifique. Excursion aux vignobles pour voir comment on fait du vin. Il y a aussi un beau jardin botanique.
Cannes	Ville connue pour son festival de cinéma. Promenez-vous parmi les célébrités le long de La Croisette à côté de la mer.
La Rochelle	Ville maritime sur la côte ouest de la France. Admirez les anciennes rues ainsi que le port. Excursions en bateau. On peut aussi y faire des sports nautiques.

Choisis la ville correcte pour compléter chaque phrase.

Example: Si tu aimes les plantes, tu devrais aller à Bordeaux.

a On peut bien manger à .... *[1 mark]*

b Si tu aimes le sport, ... est pour vous. *[1 mark]*

c Si la production de l'alcool t'intéresse, allez à .... *[1 mark]*

d Les touristes qui aiment les vedettes peuvent aller à .... *[1 mark]*

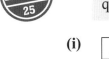

2 Écoute ce reportage au sujet des vacances en Bretagne. Pour chaque question, mets une croix dans chacune des **deux** cases correctes.

(i)

A	La Bretagne se trouve dans l'est de la France.	
B	La Bretagne n'est pas loin de Paris.	
C	On y mange bien.	
D	La Bretagne est ennuyeuse pour les jeunes.	

[2 marks]

(ii)

A	Cette région est très bien pour ceux qui aiment la planche à voile.	
B	Il y a des plages calmes où on peut aller en famille.	
C	On peut y faire seulement de la planche à voile.	
D	Il n'y a jamais de vent en Bretagne.	

[2 marks]

Score: /8

Eating Out

1 Translate the following passage **into English**.

L'un de mes passe-temps préférés quand je suis en vacances, c'est de manger dans les restaurants locaux et de goûter la cuisine du pays. L'année dernière, je suis allé à Berlin et j'ai goûté des spécialités allemandes, comme ses saucisses. L'année prochaine j'irai au Japon. Je crois que les restaurants là-bas seront vraiment différents.

....

....

....

....

....

....

....

[7 marks]

TRACK LISTENING 26

2 Listen to this phone conversation about eating out.
Answer the questions **in English**.

(i) a What kind of food is particularly good at the restaurant?

.... *[1 mark]*

(ii) a What did Juliette used to like eating?

.... *[1 mark]*

b What **two** excuses does Juliette give for not going to eat pancakes with Leo?

1. ....

2. .... *[2 marks]*

Score: /**11**

Practical Stuff

1 Listen to these extracts of phone calls to the police station and answer the questions **in English**.

(i) a Why is this person calling?

.... *[1 mark]*

b What does the police officer ask him to do?

.... *[1 mark]*

(ii) a Why is this person calling?

.... *[1 mark]*

b What information does the police officer ask for? Give **two** details.

.... *[2 marks]*

READING

2 Translate the following passage **into English**.

> Cet été, je suis allé en France mais j'ai eu beaucoup de problèmes avec le transport. Le train est parti en retard donc j'ai raté ma correspondance. J'ai dû acheter un nouveau billet, ce qui a coûté très cher. Puis, j'ai eu du mal à trouver l'arrêt de bus pour aller à l'aéroport. La prochaine fois, j'irai avec un ami.

....

....

....

....

....

....

....

[7 marks]

Score: ☐ / **12**

Giving and Asking for Directions

1 Read the directions for getting to the Hôtel Magnifique.
Answer the questions **in English**.

> Quand vous arriverez à la gare, suivez les panneaux 'Place de la Concorde' et sortez à cet endroit. Prenez ensuite la rue de la Gloire et allez tout droit jusqu'au commissariat. Tournez à droite et puis traversez la rue. L'église de Saint Michel sera à votre gauche. Prenez la rue à côté de l'église et allez tout droit. Vous passerez devant le parc. Prenez la première rue à gauche après le parc et l'Hôtel Magnifique se trouvera au bout de la rue, en face de la poste.

a What should you do when you get to the police station?

.... *[1 mark]*

b What should you do once you've got to the church?

.... *[1 mark]*

c Where is the post office?

.... *[1 mark]*

TRACK LISTENING 28

2 Pendant un séjour scolaire en France, tu écoutes ces gens qui demandent leur chemin.
Réponds aux questions **en français**.

a Où se trouve la bibliothèque ? Mentionne **deux** détails.

1. ....

2. .... *[2 marks]*

b Le cinéma est à quelle distance ?

.... *[1 mark]*

c Où est l'hôpital ? Mentionne **deux** détails.

1. ....

2. .... *[2 marks]*

Score: ☐ **/8**

Talking About Holidays

1 Traduis le passage suivant **en français**.

For me, holidays are very important. I like to relax and spend time with my family. We always go abroad and try different activities. Last year we spent two weeks in the USA and next year we will go to France. We are going to go camping — it will be great.

[12 marks]

READING

2 Lis ce blog de Flora.

Je suis ici à Zenica en Bosnie-Herzégovine depuis seulement trois jours et je suis déjà tombée amoureuse du pays ! Une fois arrivée à l'auberge de jeunesse, j'ai commencé tout de suite à m'amuser. Tout le monde a des histoires rigolotes à raconter.

Quant au pays, la Bosnie a un passé tragique et on peut le découvrir dans les nombreux musées. Les gens ici sont très aimables et j'ai déjà goûté des spécialités nationales. Demain je prendrai le train au petit matin pour aller à Sarajevo.

Complète les phrases en choisissant un mot ou des mots dans la case.
Il y a des mots que tu n'utiliseras pas.

le passé	partir	drôles	l'histoire du pays	sympathiques
se reposer	l'hospitalité	rentrer	bruyantes	

a Flora pense que les autres jeunes sont .... *[1 mark]*

b Elle s'intéresse à .... *[1 mark]*

c Elle trouve que .... du pays est impressionnante. *[1 mark]*

d Flora a l'intention de .... le lendemain. *[1 mark]*

Score: /**16**

School Subjects

1 Pendant un échange scolaire, tu entends ces jeunes qui parlent de leurs études. Mets une croix dans la case pour compléter les phrases.

(i) a Pour Karine...

A	les langues ne sont pas faciles.	
B	la chimie est difficile.	
C	c'est très utile de savoir parler une autre langue.	

[1 mark]

(ii) a Nadia pense que c'est essentiel de...

A	parler avec les autres.	
B	ne pas perdre son temps devant un écran.	
C	savoir bien utiliser un ordinateur.	

[1 mark]

b Salim pense que...

A	les jeunes utilisent trop les ordinateurs.	
B	c'est toujours nécessaire d'utiliser un ordinateur.	
C	les ordinateurs aident à étudier les maths.	

[1 mark]

2 Lis cet email de Mia qui parle de la rentrée. Réponds aux questions **en français**.

> Cette année je serai en seconde. Je me fais du souci pour les sciences car j'aurai un nouveau professeur cette année. J'espère que je vais l'aimer. Ma matière préférée c'est l'instruction civique parce que j'adore partager mes opinions et discuter avec mes camarades de classe. Je déteste la géographie car je trouve que c'est très ennuyeux et en plus je n'aime pas le professeur. Malheureusement, ma meilleure copine, Sandrine, a échoué les maths l'année dernière donc elle doit redoubler. Ce sera la première fois que nous ne serons pas ensemble. Elle a très peur d'être sans ses copines.

a Pourquoi est-ce que Mia s'inquiète pour les sciences ?

.... *[1 mark]*

b Pourquoi est-ce qu'elle aime l'instruction civique ? Donne **un** détail.

.... *[1 mark]*

c Pourquoi Sandrine a-t-elle peur ?

.... *[1 mark]*

Score: ☐ **/ 6**

School Routine

1 Translate the following passage **into English**.

> Je trouve que la journée scolaire est trop longue. Nous commençons à huit heures trente et nous avons deux heures de cours avant la récréation. Le déjeuner dure une heure. Après ça, il y a cours jusqu'à cinq heures. L'année prochaine sera encore plus difficile car les cours finiront à cinq heures et demie.

[7 marks]

TRACK LISTENING 30

2 Listen to this podcast recorded by your French partner school.
Complete the sentences by putting a cross in the correct box.

a The music club takes place...

A	at lunchtime.	
B	after school.	
C	before the lunch break.	
D	after the students' music lesson.	

[1 mark]

b On Thursdays, the students...

A	study together.	
B	have a PE lesson.	
C	start at 9 o'clock.	
D	start at 10 o'clock.	

[1 mark]

c On Fridays, the lessons are...

A	not very varied.	
B	very varied.	
C	shorter than usual.	
D	particularly difficult.	

[1 mark]

Score: ☐ **/10**

School Life

1 Traduis le passage suivant **en français**.

Aurore goes to the big secondary school in her town. She is in year 11. Her school is quite old but it is very well equipped. There is a sports pitch, and next year there will be a new swimming pool. She would not like to go to the private school in her town because they only do one hour of sport per week.

....

....

....

....

....

....

[12 marks]

2 Translate the following passage **into English**.

Je vais aller au lycée près de chez moi. Le bâtiment est très moderne et les salles de classe sont grandes. En plus, je pourrai chanter dans la chorale et jouer dans l'orchestre. Malheureusement, ma meilleure amie n'ira pas au lycée avec moi, car elle veut aller au lycée professionnel.

....

....

....

....

....

....

[7 marks]

Score: /19

School Pressures

1 Traduis le passage suivant **en français**.

> I am fed up with school because there is a lot of pressure. The lessons are boring and I don't like them. Yesterday, my teacher got angry and I had detention during the lunch break. Also, we have to wear a school uniform but I would prefer to choose my clothes myself.

....

....

....

....

....

....

....

[12 marks]

TRACK LISTENING 31

2 You are listening to a radio phone-in programme about school pressures.
For each speaker, write down the problem they face and the solution they offer in **English**.

(i) Geeta

Problem	Solution

[2 marks]

(ii) Sascha

Problem	Solution

[2 marks]

Score: /**16**

School Events

1 Lis ce blog. Réponds aux questions **en français**.

> Chaque été il y a une pièce de théâtre à mon collège. Cette fois, la pièce était l'histoire d'Anne Frank, une jeune fille juive qui a dû se cacher pendant la Seconde Guerre mondiale. Elle a écrit un journal intime et quand on l'a trouvé après la guerre, son auteuse est devenue célèbre.
>
> Tout le monde devait aider à produire la pièce — on a dû mettre des affiches, fabriquer des costumes et vendre des billets. J'ai eu le rôle principal, celui d'Anne Frank. C'était difficile de trouver assez de temps pour apprendre mon texte car je devais faire mes devoirs aussi. Toutefois, la pièce a été un grand succès.

a Comment l'histoire d'Anne Frank est-elle devenue célèbre ?

.... *[1 mark]*

b Que pouvait-on faire pour contribuer à la pièce ? Donne **deux** détails.

1. ....

2. .... *[2 marks]*

c Quelle difficulté l'actrice principale a-t-elle rencontrée ?

....

.... *[1 mark]*

2 Igor has recorded a podcast about school trips. What does he talk about? Listen to the recording and put a cross by the **three** correct statements.

A	last year's school trip	
B	cultural excursions	
C	what his best friend thinks	
D	public transport in Paris	
E	what he studies at school	
F	the sports he would like to do	
G	a previous trip to Paris	

[3 marks]

Score:  /7

Education Post-16

1 Traduis le passage suivant **en français**.

Next year, I am going to leave school. It is difficult to find work so I would prefer to learn and earn money at the same time. My friends don't agree and they will stay at school to do the exams. They will go to university and then they will start working.

....

....

....

....

....

....

[12 marks]

READING

2 Read these Internet posts about further education.

Yuki	Si on veut faire un travail manuel, c'est mieux de faire un apprentissage. En travaillant comme apprenti, on apprend un métier et on ne perd pas de temps.
Ankit	Je trouve que si on veut une carrière intéressante, il est essentiel de continuer ses études. Moi, je veux réussir mon bac et après ça, on verra.
Marc	C'est très important de réussir aux examens. Je vais continuer mes études parce que je sais ce que je veux faire plus tard et j'ai besoin de qualifications.
Lucie	Je pense qu'on peut étudier et travailler en même temps. On peut trouver un travail à temps partiel donc gagner de l'argent et avoir un diplôme.

Who says what about further education?
Enter either **Yuki**, **Ankit**, **Marc** or **Lucie** in the gaps below.

Example: ...Yuki... says that he / she wants to learn on the job.

a .... says that he / she has already decided on a career path. *[1 mark]*

b .... says that it's sensible to have a part-time job while studying. *[1 mark]*

c .... says that he / she will make plans after doing A-levels. *[1 mark]*

Score: ☐ / **15**

Career Choices and Ambitions

1 Écoute ces publicités et choisis les **deux** phrases qui sont **vraies**. Mets une croix dans les bonnes cases.

(i)

A	Pour ce travail, il faut aimer être seul.	
B	Les diplômes sont importants.	
C	C'est un travail de vacances.	
D	Un sens de l'humour est essentiel.	
E	On travaille dans un hôpital.	

[2 marks]

(ii)

A	Pour ce travail, il faut avoir passé des examens.	
B	Il faut payer les repas.	
C	On travaille tous les jours de la semaine.	
D	C'est un travail qui en vaut la peine.	
E	Le travail est très facile.	

[2 marks]

2 Traduis le passage suivant **en français**.

In the future, I would like to be a computer scientist. It would be a rewarding profession because ICT is my favourite subject. I want to work in a big firm. My friend prefers art and he would like to be a designer. I hope that there will be jobs in my town.

....

....

....

....

....

....

....

[12 marks]

3 Lis ces conseils d'un magazine pour les jeunes et réponds aux questions.
Mets une croix dans les bonnes cases.

> Il faut continuer ses études le plus longtemps possible. Beaucoup de jeunes croient qu'il est important de gagner de l'argent tout de suite après avoir quitté l'école mais bien que cela semble être une bonne idée au début, à long terme, il vaut mieux obtenir des diplômes.

a Qu'est-ce qu'on devrait faire après avoir quitté l'école ?

A	continuer ses études	
B	faire quelque chose qui vous fait plaisir	
C	gagner de l'argent	

[1 mark]

> De nos jours les qualifications sont tellement importantes. Il devient de plus en plus difficile de trouver du travail, donc il est conseillé de bien réfléchir à ce qu'on veut faire après l'école. L'université n'est pas pour tout le monde et il y a d'autres options comme les apprentissages.

b Qu'est-ce qu'on conseille exactement ?

A	On doit trouver un travail tout de suite.	
B	Il faut bien considérer avant de se décider.	
C	Tout le monde a besoin d'une licence.	

[1 mark]

4 Translate the following passage **into English**.

> Je viens de passer mes examens et je ne sais pas ce que je vais faire à l'avenir. Mon père est avocat, mais ça ne m'intéresse pas. Je n'aimerais pas être assis tout le temps car je suis très actif. Ma mère était professeur mais je ne voudrais pas travailler dans une école.

....

....

....

....

....

....

[7 marks]

Score: ☐ **/ 25**

Languages for the Future

1 Listen to the discussion about learning foreign languages.
What does each person say? Write **two** letters for each person.

A	I find foreign languages boring.
B	German is my favourite language.
C	I am learning three languages.
D	Everyone speaks English nowadays.
E	We should try to understand other cultures.
F	My whole family is bilingual.
G	You can translate things online.
H	I want to work for an international bank.
I	I want to travel with my job.
J	It's essential to learn languages.

a Krysta ☐ ☐ *[2 marks]*

b Isaac ☐ ☐ *[2 marks]*

c Leila ☐ ☐ *[2 marks]*

WRITING

2 Traduis le passage suivant **en français**.

I have been learning French and Italian for five years. I will go to sixth form because I hope to study foreign languages at university. I would like to be an interpreter because I could travel around the world. This summer, I am going to go to Italy to practise my Italian.

....

....

....

....

....

....

....

[12 marks]

Score: ☐ / **18**

Applying for Jobs

1 Read what these teenagers say about applying for jobs.

Rosa	Je voudrais trouver un emploi à temps partiel. J'ai lu une annonce dans le journal pour le poste d'assistant vétérinaire et j'ai l'expérience nécessaire. J'ai déjà fait un stage chez un vétérinaire pendant mes dernières vacances.
Yuan	Je pose ma candidature pour différents postes depuis des semaines, mais je n'ai pas encore réussi. Je suis en train de chercher de nouvelles annonces en ligne. Remplir des formulaires prend beaucoup de temps, et ça m'énerve.
Corey	Moi, j'ai peur des entretiens. J'aimerais faire un stage comme informaticien mais je trouve difficile de parler aux gens que je ne connais pas.

What information is given in the text? Write either **Rosa**, **Yuan** or **Corey** in the gaps below.

Example: ......Rosa...... has seen a job advert in the newspaper.

a .... is using the internet to find job adverts. *[1 mark]*

b .... finds it difficult to talk to new people. *[1 mark]*

c .... thinks that paperwork takes a lot of time. *[1 mark]*

d .... has already got experience relating to the position. *[1 mark]*

TRACK LISTENING 35

2 Listen to this phone call about a job advert and answer the questions **in English**.

a What should the successful applicant be like? Give **two** details.

.... *[2 marks]*

b What is essential for the job?

.... *[1 mark]*

c What does Annette need to do to apply? Give **two** details.

1. ....

2. .... *[2 marks]*

Score: ☐ **/9**

Environmental Problems

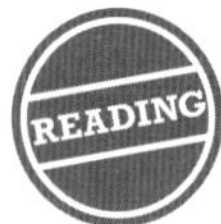

1 Read these forum comments about the environment.

Amir 	*Je m'intéresse beaucoup à l'environnement. Selon moi, il faut penser à l'avenir, et nous devrions sauvegarder l'environnement pour nos enfants. Les émissions générées par le monde développé sont la cause principale du réchauffement de la Terre. Nous devons tous changer notre mode de vie et utiliser des énergies renouvelables, comme l'énergie solaire, avant qu'il ne soit trop tard.*
Blaise 	*Je ne m'inquiète pas du tout au sujet de l'environnement. Je ne me fais pas de soucis pour le futur de la Terre. Les gouvernements devraient trouver des solutions pour que nous puissions maintenir le style de vie auquel nous sommes habitués. Moi, je ne voudrais pas changer mes habitudes. En plus, il y a d'autres choses qui sont plus importantes, comme les problèmes sociaux.*

Who says what about the environment? Enter either **Amir** or **Blaise** in the gaps below.

Example: ......Amir...... says that we should protect the environment for future generations.

a .... says that the government is responsible for the environment. *[1 mark]*

b .... says that everyone should change their habits. *[1 mark]*

c .... says that the environment is not the biggest problem. *[1 mark]*

2 Listen to this podcast on recycling. Answer the questions **in English**.

Example: Why is recycling important?

Natural resources aren't infinite.

a What should people do to help? Give **two** details.

1. ....

2. .... *[2 marks]*

b Name **two** things that can be recycled.

.... *[2 marks]*

Score: /7

Caring for the Environment

1 Traduis le passage suivant **en français**.

I think that it is very important to protect the environment. There is a lot that we could do at home. For example, in the winter I always switch off the central heating during the day. Yesterday, I took a shower instead of a bath because that uses less water.

[12 marks]

READING

2 Translate the following passage **into English**.

Nous devrions tous respecter l'environnement. Les émissions des voitures et des avions ont déjà joué un grand rôle dans la pollution de l'air, donc nous devrions essayer de trouver des moyens de transport qui endommagent moins l'environnement. Par exemple, on pourrait prendre le train au lieu de l'avion pour aller en vacances.

[7 marks]

Score: ☐ **/ 19**

Problems in Society

1 Écoute ces interviews avec des jeunes qui parlent de l'inégalité sociale. Complète les phrases en choisissant un mot ou des mots dans la case.

la discrimination	les opinions	la religion	sa nationalité	agace
énerver	sa peau	le racisme	sa famille	la violence

a Certaines personnes traitent Henri différemment à cause de .... *[1 mark]*

b Ce traitement lui .... *[1 mark]*

c Mischa pense que .... n'est pas le seul problème grave. *[1 mark]*

WRITING

2 Traduis le passage suivant **en français**.

> Unemployment is a big problem in my town. The factory closed last year, and more than four hundred people lost their jobs. There were not many other opportunities in the area, so it was very difficult for some families. I hope that I will be able to find work in the future.

....

....

....

....

....

....

....

[12 marks]

3 Translate the following passage **into English**.

J'habite dans une grande ville où il y a beaucoup de violence, et j'ai vraiment peur des bandes dans mon quartier. Le soir, il y a des endroits que j'évite, surtout parce qu'une fois j'ai été agressé en rentrant à la maison. C'était effrayant. Il faut faire quelque chose mais je ne sais pas quoi.

....

....

....

....

....

....

....

[7 marks]

TRACK LISTENING 38

4 Neema is talking about her experience of being an immigrant in France. For each question, put a cross in each one of the **two** correct boxes.

(i) What does Neema say about her personal experience of immigration?

A	Neema arrived in France ten years ago.	
B	Women have the same rights as men in Neema's country of origin.	
C	Neema can get an education in France.	
D	Neema will be able to find a job in France.	
E	Neema is planning to return to her home country.	

[2 marks]

(ii) What does she think about immigration in general?

A	Neema doesn't think that refugees should be welcomed in France.	
B	According to Neema, natural disasters can create refugees.	
C	In Neema's experience, everyone is scared of immigration.	
D	Neema thinks that other people should help her.	
E	Neema would like to make a contribution to society.	

[2 marks]

Score: /**26**

Volunteering

1 Lis l'email de Ravi qui parle de son travail bénévole.
Réponds aux questions **en français**.

> La semaine dernière j'ai commencé un nouveau travail bénévole. Je travaille dans un refuge pour les sans-abri le samedi. Le refuge est important pour venir en aide aux personnes sans abri et à celles qui risquent de se retrouver sans abri. Nous offrons un refuge d'urgence de 24 heures ainsi que des services de soutien. Mon rôle est de nettoyer la salle à manger, et d'aider dans la cuisine à l'heure du déjeuner. J'espère que mes efforts aideront un peu.

a Que fait le refuge pour aider les gens ? Donne **deux** détails.

1. ....

2. .... *[2 marks]*

b Que fait Ravi au refuge ? Donne **deux** détails.

1. ....

2. .... *[2 marks]*

TRACK LISTENING 39

2 Listen to this local radio report about a charity fundraising event.
Complete the sentences by putting a cross in the correct box.

a People living in the town have just put on...

A	a week of sporting competitions.	
B	a charity sports day.	
C	an inter-school rugby tournament.	

[1 mark]

b The mayor came up with the idea because...

A	her mother died from cancer.	
B	there is a cancer hospital in town.	
C	she is interested in medical research.	

[1 mark]

c The events included...

A	a race around the town.	
B	a boxing tournament.	
C	a dressing up competition.	

[1 mark]

Score: ☐ / **7**

Global Events

1 Translate the following passage into **English**.

La Coupe du monde de football aura lieu en juin. C'est une rencontre sportive que j'adore car il y a des joueurs célèbres qui viennent de tous les coins du monde. Malheureusement, je n'ai pas pu acheter de billets car ils étaient trop chers. J'espère que l'équipe française marquera beaucoup de buts.

....

....

....

....

....

....

[7 marks]

2 Lis cet email de Batool. Mets une croix dans les bonnes cases pour compléter les phrases.

Salut Li ! Hier j'ai découvert qu'il y aura un festival de musique à La Rochelle en juillet. Est-ce que tu veux y aller avec moi ? Le festival est nouveau, c'est une initiative pour attirer plus de jeunes dans la région parce que la plupart des touristes ont plus de quarante ans.

Il y aura trois scènes et trente groupes différents. Le Chat Noir, mon groupe préféré, jouera le samedi. Le groupe a son propre style de musique — il n'est pas comme les autres.

a Le festival est destiné...

A	aux enfants.	
B	aux habitants de La Rochelle.	
C	aux jeunes.	
D	aux gens qui ont plus de quarante ans.	

[1 mark]

b Batool aime Le Chat Noir car...

A	le chanteur peut bien chanter.	
B	le groupe est différent.	
C	le chanteur lui plaît.	
D	les musiciens sont tous très doués.	

[1 mark]

Score: ☐ **/9**

Literary Texts

1 Read this extract from *Le Tour de la France par deux enfants* by G. Bruno. Two brothers have just started a journey. Answer the questions **in English**.

> L'aîné des deux frères, André, qui avait quatorze ans, était un robuste garçon, si grand et si fort pour son âge qu'il semblait avoir au moins deux années de plus. Il tenait par la main son frère Julien, un joli enfant de sept ans [...].
>
> À leurs vêtements de **deuil**[1], à l'air de tristesse sur leur visage, on aurait pu deviner qu'ils étaient orphelins.
>
> Lorsqu'ils avaient quitté la ville, le grand frère a parlé à l'enfant [...] :
>
> — N'aie pas peur, mon petit Julien, dit-il ; personne ne nous a vus sortir.

[1]mourning

a Why did André seem older than 14? Give **one** reason.

.... *[1 mark]*

b How could people guess that the brothers were orphans? Give **one** detail.

.... *[1 mark]*

c What did André say to reassure Julien after they had left town?

.... *[1 mark]*

2 Read this extract from *Boule de suif* by Guy de Maupassant. A woman has just offered to share her basket of food with her fellow travellers. Answer the questions **in English**.

> Elle a sorti un vaste pot dans lequel deux poulets entiers, tout découpés, avaient confit sous leur gelée. Dans le panier, il y avait aussi des pâtés et des fruits. Les provisions étaient préparées pour un voyage de trois jours, afin de ne pas manger les repas des auberges.

a Which foods were packed for the journey? Put a cross by the **two** correct answers.

A	chicken	
B	fruit jelly	
C	pâté	
D	aubergine	

[2 marks]

b Why were the provisions prepared for the journey?

.... *[1 mark]*

3 Lis cet extrait d'*Anie* de Hector Malot, qui parle du baron.

> Tous les exercices du corps il les pratiquait avec une supériorité qui lui avait fait une célébrité ; **l'escrime**[1] et l'équitation aussi bien que la boxe [...] Il faisait à pied des marches de douze à quinze **lieues**[2] par jour pour son plaisir [...]
>
> C'était la pratique constante de ces exercices et l'entraînement régulier qu'ils demandent qui lui avaient donné cette musculature athlétique.

[1]**fencing** [2]**leagues** (a measure of distance — about 5.5 km)

Complète les phrases en choisissant un mot ou des mots dans la case.

souvent	tir à l'arc	reconnu	travailleur	fort
marcher	du cheval	régulier	actif	promener

a Le baron était .... pour son talent. *[1 mark]*

b Il faisait .... *[1 mark]*

c Le baron devait faire du sport très .... *[1 mark]*

4 Read the extract from *Voyage au centre de la Terre* by Jules Verne. The travellers have just arrived in Reykjavík, Iceland. For each question, put a cross in the correct box.

> Entre le petit lac et la ville était l'église, construite en pierres calcinées avec un toit de tuiles rouges. Pas loin de l'église, j'ai vu l'École Nationale, où, comme je l'ai appris plus tard de notre hôte, on enseignait l'hébreu, l'anglais, le français et le danois. À ma honte, je ne connaissais pas le premier mot de ces quatre langues.

a Where does the narrator say the church is situated?

A	between the lake and the town	
B	on the lake shore	
C	just outside the town centre	

[1 mark]

b When does he learn about which lessons are taught at the school?

A	When he first sees the school.	
B	Before he arrives at the school.	
C	Later, after he had first seen the school.	

[1 mark]

c What does the narrator say about the lessons listed?

A	He will find the lessons easy.	
B	He has no previous knowledge of them.	
C	He doesn't want to do those lessons.	

[1 mark]

Score: ☐ / **12**

Nouns

1 Underline all of the nouns in the sentences below.

- **a** Elle aime manger des carottes.
- **b** Le professeur a une nouvelle voiture.
- **c** On parle français au Canada.
- **d** J'ai reçu un cadeau de Marcel.
- **e** Les cochons nagent.
- **f** C'est le sac de ma mère.
- **g** Manon a acheté des pommes.
- **h** La poste est fermée.
- **i** Le film n'est pas amusant.
- **j** Samantha habite près de mon frère.

2 Write either **m** or **f** after each noun to show whether it is masculine or feminine.

- **a** chat ....
- **b** verre ....
- **c** thé ....
- **d** salle ....
- **e** table ....
- **f** chaise ....
- **g** minéral ....
- **h** cahier ....
- **i** village ....
- **j** pays ....
- **k** maison ....
- **l** ville ....
- **m** stylo ....
- **n** papier ....
- **o** chien ....
- **p** café ....

3 Take each of these nouns and turn them into the plural. Not all of them need to change.

- **a** nez ....
- **b** cheval ....
- **c** fils ....
- **d** feu ....
- **e** noix ....
- **f** enfant ....
- **g** journal ....
- **h** homme ....
- **i** château ....
- **j** petit pois ....
- **k** bijou ....
- **l** travail ....
- **m** bureau ....
- **n** légume ....
- **o** chapeau ....

4 Fill in the gaps in these sentences with the plural form of a word from the box. You can only use each word **once**.

jeu
chien
enfant
chou
animal

- **a** Ma mère ne me donne rien à manger sauf des ....
- **b** Mes amis aiment faire du sport, mais je préfère jouer aux ....
- **c** Je vais souvent au zoo car j'aime bien voir les ....
- **d** Je rêve de me marier et avoir des ....
- **e** Mes .... font toujours pipi dans le jardin de ma voisine.

Articles

1 Circle the correct definite articles (**le**, **la**, **l'** or **les**) to complete the sentences below.

a **Les** / **Le** filles aiment jouer au badminton.

b Sébastien et Camille pensent que **le** / **la** parc est trop petit.

c Fermez **la** / **les** porte, s'il vous plaît.

d Nous avons trouvé tous **les** / **le** papiers sous **la** / **le** table de cuisine.

e **Le** / **L'** hôtel est à côté de chez moi.

2 Fill in the gaps in these sentences using the correct indefinite article (**un** or **une**).

a J'ai acheté .... stylo, ... gomme et .... calculatrice.

b Ma grand-mère a .... sœur et .... frère.

c Dans mon jardin il y a .... statue, ... petit pont et trois chaises.

3 Translate these sentences into **French**.

a I'm going to the beach. ....

b He comes from Italy. ....

c She's going to the shops. ....

4 Fill in the gaps in these sentences using the correct partitive article from the box.

de
du
de la
de l'
des

a Sophia a .... oranges.

b Je n'ai pas .... poires.

c Ils ont gagné .... argent.

d Elle prend .... soupe.

e Il mange beaucoup .... chips.

f Richard n'a pas .... chaussettes.

g Il me donne .... chocolat.

h Je veux .... frites.

5 Translate these sentences into **French**.

This tests **à** and **de** with the definite article.

Example: It's my mother's car. *C'est la voiture de ma mère.*

a I'm going to Wales this year.

....

b He comes from Morocco.

....

Adjectives

1 Underline all of the adjectives in the sentences below.

a L'examen était facile.
b Tes amis sont amusants et gentils.
c Thomas a un vieux chien.
d C'est une belle femme.
e Le film est triste.
f Alice habite dans une grande maison.
g J'ai une bonne idée.
h Le voyage sera long et ennuyeux.

2 Cross out the incorrect form of the adjectives in bold to complete these sentences.

a Alexandre a les yeux **bleu** / **bleus**.
b J'habite dans une maison **moderne** / **modernes**.
c La **premier** / **première** question est très **difficile** / **difficiles**.
d Susanna porte un chapeau **rouge** / **rouges** et des chaussures **orange** / **oranges**.
e Mes frères sont assez **sportifs** / **sportives**.
f Le cochon d'Inde est **heureux** / **heureuse** et **mignon** / **mignonne**.

3 Fill in the gaps in these sentences using the correct form of the adjectives in bold.

a Elle porte une robe .... **blanc**
b En France, il y a beaucoup de gens .... **étranger**
c Florence et Charlotte sont les .... à arriver. **dernier**
d Cette chemise est trop .... **cher**
e Mes chaussettes sont .... **sec**

4 Using the word **vert** with the correct endings, translate these phrases into **French**.

a the green mountain

....

b the green coat

....

c the green eyes

....

d the green apples

....

e the green man

....

f the green grass

....

5 Fill in the gaps with the correct form of the adjective chosen from the four options in **bold**.

a Ces rues sont très .... **long, longues, longue, longs**

b Clara a une .... souris. **nouvelles, nouvelle, nouveaux, nouvel**

c Je dors pendant .... la journée. **tout, tous, toute, toutes**

d Ton professeur est .... **rigolote, rigolotes, rigolos, rigolo**

6 Translate the sentences below into **French**. The adjectives you should use are in **bold**, but you'll need to change them into the correct form.

a My parents are crazy. **fou**

....

b The countryside is beautiful. **beau**

....

c The ladies are old. **vieil**

....

7 Add the adjective in **bold** to the correct gap in the sentences.

a J'ai une .... chemise .... **bleue**

b Nous sommes au .... étage .... **premier**

c Loïc habite dans un .... appartement .... **petit**

d Il chante des .... chansons .... **étrangères**

e C'est une .... peinture .... **bonne**

8 Rearrange these sentences so that the words are in the correct order.

a grande j'ai voiture une. ....

b un c'est noir chat petit. ....

c émission la meilleure c'est. ....

d elles chien ont un vieux. ....

e un il a intéressant travail. ....

9 Complete the table of possessive adjectives below.

	My	Your (inf., sing.)	His / her / its	Our	Your (formal, pl.)	Their
Masculine singular		ton			votre	
Feminine singular			sa	notre		
Plural	mes					leurs

10 Fill in the gaps in the French sentences with the correct possessive adjectives to match the English sentences.

- **a** .... vélo est rouge. — *My bicycle is red.*
- **b** Est-ce que .... manteau est bleu? — *Is your coat blue? (informal)*
- **c** .... mère habite en Irlande. — *His mother lives in Ireland.*
- **d** Avez-vous parlé à .... grand-mère? — *Did you speak to your grandmother?*
- **e** Ils n'ont pas fait .... devoirs. — *They haven't done their homework.*
- **f** Est-ce que tu as vu .... argent? — *Have you seen her money?*

11 Rewrite each of these sentences, replacing the English word in brackets with the correct form of either **chaque** or **quelque**.

- **a** Je joue au rugby (**each**) weekend. ....
- **b** Eric a acheté (**some**) légumes. ....
- **c** (**Each**) élève doit faire ses devoirs. ....
- **d** Il a trouvé (**some**) livres intéressants. ....

12 Cross out the incorrect demonstrative adjective in bold to complete these sentences.

- **a** Je pense que **ce / cette** travail est un peu ennuyeux.
- **b** **Cet / Ce** hôpital est merveilleux.
- **c** Je ne me souviens pas de **ce / cet** film.
- **d** **Ces / Cette** animaux sont malheureux.
- **e** Les hommes vont aux États-Unis **cet / cette** année.

Adverbs

1 Underline the adverb in each of these sentences, and then translate the adverb into **English**.

Example: Il marche <u>lentement</u> au collège. slowly

a Ma sœur a totalement oublié de te téléphoner! ....

b Christophe est vraiment sympa! ....

c Ils ont fréquemment raté le train. ....

d Parle plus doucement, le bébé dort! ....

e Il n'est simplement jamais arrivé. ....

2 Fill in the gaps in these sentences using a suitable adverb from the box.
You can only use each adverb once.

énormément
vraiment
vite
récemment
normalement

a Il marche très ....

b Ton cadeau m'a fait .... plaisir!

c ...., nous sommes allés au Luxembourg.

d ...., je me réveille à huit heures.

e Cette pièce de théâtre est .... étrange.

3 Turn each of these adjectives into adverbs.

a facile ....

b évident ....

c clair ....

d calme ....

e précis ....

f gentil ....

g stupide ....

h incroyable ....

i heureux ....

j complet ....

k deuxième ....

l honnête ....

4 Translate these sentences into **French**, using the adverb formed from the adjective in brackets.

a He swims well. (bon) ....

b Eleanor sings badly. (mauvais) ....

5 Choose the French adverb from the box that matches the English adverb in **bold** to complete each sentence.

souvent
déjà
hier
demain
normalement

a ...., nous sommes montées dans la tour. **yesterday**

b Je vais .... au cinéma. **often**

c ...., il se douche à six heures. **normally**

d Ils vont voyager .... **tomorrow**

e Ton cadeau est .... arrivé. **already**

6 Translate each of these adverbial phrases into **English**.

a en général ....

b tout à fait ....

c en retard ....

d en tout cas ....

e de temps en temps ....

f l'année prochaine ....

g la semaine dernière ....

h en même temps ....

7 Use a French adverb to fill the gap in each of these sentences and match the English translation.

a Je l'ai vu .... *I saw it over there.*

b Elle a perdu son portable .... *She has lost her mobile phone somewhere.*

c Mon père a ses papiers .... *My dad has his papers everywhere.*

d L'aéroport est assez .... de la ville. *The airport is quite far from the town.*

e Venez ...., s'il vous plaît. *Come here, please.*

8 Translate the sentences below into **French**.

a André reads the newspaper every day.

....

b Sometimes, you can hear the sea.

....

c My sister travels everywhere.

....

Comparatives and Superlatives

1 Complete these comparative sentences. Remember to add any necessary agreements.

Example: Jean est **grand**, mais Chantelle est plus grande que Jean.

a Sofia est **gentille**, mais Amir est ....

b Le roman est **intéressant**, mais les films sont ....

c Marie est **forte** mais Rose est ....

2 Complete the table below using Arnaud's description of his family.
Some of the answers have been filled in already.

J'ai un frère qui s'appelle David, et une sœur qui s'appelle Julia. Je suis assez intelligent, mais David est plus intelligent que moi, et Julia est encore plus intelligente que David. David n'est pas aussi rigolo que Julia, et je suis le moins amusant. David est plus grand que moi, et Julia est plus petite que moi. Julia est la plus sportive, et David est le moins sportif. David est plus gentil que Julia et je suis plus méchant que Julia.

	Least	Middle	Most
intelligent	Arnaud		
funny		David	
tall	Julia		
sporty			Julia
kind			

3 Translate these sentences into **French** using **le plus**, **la plus** or **les plus**.

a This festival is the most exciting. ....

b I am strange, but he is the strangest. ....

c These trees are the greenest. ....

4 Use phrases from the box to fill in the gaps. Use each phrase **once**.

a Les tartes aux fruits sont ....

b Le foot est .... le rugby.

c Les gâteaux verts sont ....

d Cette année a été .... l'année dernière.

pire que
meilleure que
les meilleures
les pires

5 Turn the adverbs below into comparatives and superlatives.

Adverb	Comparative	Superlative
bien		
mal		
beaucoup		
peu		

6 Underline the comparatives and translate them into **English**.
The first one has been done as an example.

Example: Michelle dort plus que Ahmed. ......more than......

a Pierre court aussi vite que Nadim. ....

b Tu joues au tennis moins souvent que Fred. ....

c Sam mange autant que Laura. ....

7 Use the correct form of **bien**, **mal**, **peu** and **beaucoup** to fill in the gaps.

Example: Julian joue du banjo......mieux...... que Claude. **bien**

a Ayesha nage le .... dans la mer. **mal**

b Matthieu cuisine .... à la maison que Charles. **beaucoup**

c Lucie écrit le .... au collège. **peu**

8 Translate these sentences into **French**.

a Zanna writes as much as Étienne.

....

b The black dog is the oldest.

....

c Chocolate cakes are the best.

....

d I play tennis better than my sister.

....

Quantifiers and Intensifiers

1 Write the French intensifier that matches the English word in **bold** to complete each sentence.

très
peu
trop
assez

a Je trouve que l'histoire est .... intéressante. **not very**

b Ton chien est .... petit. **quite**

c Le film était .... violent. **too**

d Le dimanche matin, le centre-ville est .... tranquille. **very**

2 Translate these sentences into **French**.

a The sea was incredibly cold.

....

b My pig is unusually pink.

....

c Farouk's cat is enormously fat.

....

3 Translate these quantifiers into **English**.

a un peu de ....

b assez de ....

c trop de ....

d peu de ....

e beaucoup de ....

4 Fill in the gaps in these sentences using **b-e** from **Q3**. Use the clues to help you.

a Elles ont .... poissons. **they don't need any more**

b Elle a .... argent. **more than she needs**

c Mon ami a .... serpents. **more than a few**

d Le magicien a eu .... succès. **not much**

Pronouns

1 Fill in the gaps in the second sentences with the right pronoun.

Example: Sabrina est professeur. ...Elle... va chaque jour au collège.

a Ma souris est malade. .... ne mange rien.

b Leur père est infirmier. .... travaille dans un hôpital.

c Mes sœurs sont jumelles. .... ont toutes les deux 15 ans.

d Ses parents sont en vacances. .... rentrent à la maison la semaine prochaine.

2 Fill in the gaps with the correct indirect object pronoun from the box. Use the English translation to help you.

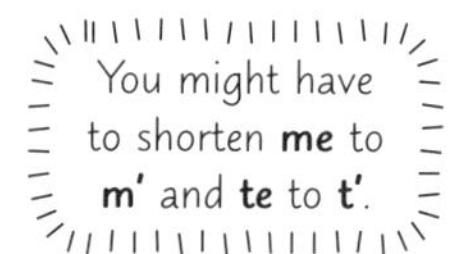
You might have to shorten **me** to **m'** and **te** to **t'**.

	je	tu	il / elle	nous	vous	ils / elles
indirect object pronouns	me	te	lui	nous	vous	leur

a Nous .... avons offert du jambon. *We have given them some ham.*

b Je .... ai donné mon numéro. *I have given her my number.*

c Il .... a apporté ton cahier. *He brought me your exercise book.*

d Je .... ai déjà parlé. *I have spoken to you already. (informal singular)*

e Nous .... avons tout expliqué. *We explained everything to you. (plural)*

f Elle .... a acheté un cadeau. *She has bought us a present.*

3 Rearrange the French words to make a complete sentence. Make sure all the pronouns are in the correct order. Use the table below to help you.

1	2	3	4	5	6
me te nous vous	le la les	lui leur	y	en	(verb)

a le Nous pouvons leur donner. ....

b attend. t' Mon y père ....

c la offerte. lui avais Je ....

d en Vous achetez. lui ....

e Elle y rencontre. les ....

4 Each of these sentences is missing a pronoun.
Choose **y** or **en** to fill in the gaps.

a On .... va s'il fait beau.

b Elle .... va tout à l'heure.

c Est-ce que tu peux m' .... acheter.

d Je n' .... vais pas à cause des monstres.

e Les vacances, parlons-.................. .

f Je n' .... ai plus.

g Tu .... es déjà allée?

h On ne s' .... sortira jamais!

5 Translate these indefinite pronouns into **French**.

a something ....

b everything ....

c someone ....

d each one ....

e everyone ....

f several ....

6 Fill in the gaps in these sentences with the correct emphatic pronoun.
Use the clues in brackets to help you.

a Je ne sais pas .... -même. (**myself**)

b Il est sorti avec .... (**Claudette**)

c Aidez-................................ à faire nos devoirs. (**us**)

d Elles ont écrit la chanson pour .... (**Guillaume**)

7 Translate these sentences into **English**.

a Je pense qu'il y en a dans la cuisine.

....

b Tout le monde y va quand il fait beau.

....

c Il voulait vendre tous ses livres, mais il en reste plusieurs.

....

d As-tu décidé d'y aller cette année?

....

Relative and Interrogative Pronouns

1 Fill in the gaps in these sentences with **qui**, **que** or **qu'**.

Example: Le chien ....qui.......... mangeait mes chaussettes.

a Le garçon .... porte des chaussures rouges est très bizarre.

b Le lapin .... tu as tué était délicieux.

c C'est un homme .... aime le poulet.

d Le touriste .... ils ont vu était violet.

e Les sandales .... il porte avec des chaussettes sont laides.

f Le gendarme .... a volé ma voiture était vieux.

2 Translate these questions into **French** using the interrogative pronouns **qui**, **que** and **quoi**.

a What is Charlie talking about? ....

b Who has eaten the apples? ....

c What do you do at the weekend? ....

d Who can help me with this exercise? ....

3 Each of these sentences has the relative pronoun **dont** in it.
Translate them into **English**.

a J'ai vu les enfants horribles dont on a parlé.

....

b La maladie dont elle souffre lui donne un nez vert.

....

c Le fermier a une poule dont les œufs sont parfaits.

....

d Il avait trois gâteaux dont deux étaient pleins de fruits.

....

Possessive and Demonstrative Pronouns

1 Each of these sentences ends with a possessive pronoun. Correct all the incorrect pronouns.

Some of the pronouns are already correct.

- **a** Donnez-nous le mouton d'or — c'est la nôtre. ....
- **b** Passe-moi le stylo — c'est les miens. ....
- **c** Cette carotte longue est à Anaïs — c'est la sienne. ....
- **d** Prenez cet enfant — c'est la vôtre. ....
- **e** Veux-tu ces gâteaux? Ce sont les tiens. ....

2 Translate each of these sentences into **English**.

- **a** Ça ne m'intéresse pas beaucoup.

  ....

- **b** Cela me fait pleurer.

  ....

- **c** Nous allons nous organiser comme ceci.

  ....

3 Fill in the gaps in these sentences using the pronouns in the box. You'll need to use **ci** and **là** in some sentences.

	Masculine	Feminine
Singular	celui	celle
Plural	ceux	celles

Example: J'ai deux chiens. Celui-ci est mignon, mais celui-là est méchant.

- **a** Donne-moi un stylo. Pas celui-là, ... , devant moi.
- **b** Voici des cahiers. .... ne sont pas très beaux, mais ceux-là sont tout neufs!
- **c** Voici les robes. Celle-ci est à ma soeur, mais .... est à moi!
- **d** Regarde ces fleurs! .... sont très belles, mais celles-là sont encore plus jolies!
- **e** Tu as des feutres? .... ne marchent pas, et ceux-là sont à Marc.

Prepositions

1 Choose the correct form of **à** or **de** from the box to complete the sentences.

à
au
à la
aux
de
d'
du
de la
des

a Je viens .... France.

b Je vais donner des bonbons .... enfants.

c On peut changer de l'argent .... banque.

d Pierre joue .... piano.

e Ce livre est .... Michel; l'autre est .... moi.

f Je m'intéresse .... tennis de table.

g Le train part .... quai numéro trois.

h Luc joue .... guitare.

i Je l'ai vu .... télévision.

j C'est la voiture .... ma mère.

2 Fill in the gaps with the correct preposition from the box.

à
aux
dans
en

a J'habite .... Marseille.

b Je voudrais aller .... Afrique.

c Ma veste est .... cuir.

d Les chaussures sont .... la boîte.

e Il va .... Paris ce week-end.

f Il est .... États-Unis en ce moment.

g La voiture est .... le garage.

h Je vais .... Pays-Bas.

i .... le futur, j'aimerais faire le tour du monde.

j On parle français et allemand .... Suisse.

3 Translate these sentences into **English**.

a Je serai à l'étranger pour un mois.

....

b J'apprends le français depuis quatre ans.

....

c J'ai voyagé en France pendant six semaines.

....

4 Choose the French word from the box to replace the English prepositions underlined below.

chez
avant
sous
après
avec
vers
sans
sur

a The dog is under the table. ....

b Your bag is on the chair. ....

c I left the house without my coat. ....

d I'm going swimming after school. ....

e I had lunch at Juliette's. ....

f We will leave at around midday. ....

g I went to the cinema with my friends. ....

h I arrived before you. ....

5 Translate these sentences into French using the prepositions in **bold**.

Don't forget that 'de + le' becomes 'du'.

a The school is opposite the swimming pool. **en face de**

....

b I stayed at home because of the rain. **à cause de**

....

c There is a supermarket next to the park. **à côté de**

....

d Aix-en-Provence is near Marseilles. **près de**

....

Conjunctions

1 Translate these conjunctions into English.

a	et	....	**f**	car	....	**k**	comme	....
b	si	....	**g**	ou	....	**l**	pendant que	....
c	mais	....	**h**	quand	....	**m**	parce que	....
d	après que	....	**i**	puis	....	**n**	ni...ni...	....
e	depuis que	....	**j**	ou bien	....	**o**	lorsque	....

2 Fill in the gaps with the correct conjunction chosen from the three options in **bold**.

a Je veux me promener, ... il pleut. **ou, puis, mais**

b Il est resté à la maison .... il faisait mauvais. **ou bien, et, pendant que**

c Je ne peux pas sortir .... je suis malade. **ou, mais, parce que**

d Sylvie parle .... ma sœur. **lorsque, comme, mais**

e Tu peux venir ce soir, ... tu veux. **si, et, pendant que**

f Je bois du chocolat chaud .... il fait froid. **quand, puis, ou**

g J'aime mon frère .... il est très sympa. **mais, parce que, ou bien**

h Nous allons à l'école, ... nous nous amusons. **puis, si, lorsque**

3 These sentences contain the wrong conjunctions. Rewrite them using a more sensible alternative from the box. Use each conjunction **once**.

comme, puis, si, et, mais

a Je voudrais une pomme <u>car</u> une poire. ....

b C'est mon anniversaire <u>lorsque</u> je ne sors pas. ....

c <u>Ou</u> tu manges le champignon, je te tuerai. ....

d Je me douche, <u>quand</u> je m'habille. ....

e <u>Ou bien</u> j'étais en retard, j'ai manqué le bus. ....

Present Tense

1 Underline the verb in each sentence.

a Je vais en Italie la semaine prochaine.
b J'aime les haricots verts et les chats noirs.
c C'est encore une journée de pluie.
d Tu vois ta tante folle le dimanche.
e Je préfère les chaussures en cuir rouge.
f J'ai deux petits frères et six grandes araignées.
g Vous faites mes devoirs.
h Le mercredi, il mange seulement du fromage.
i Nous détestons le sport et le français.
j Il y a des élèves très moches dans ma classe.

2 Write out the correct form of each verb in the present tense, matching the person given.

a manger — il ....
b donner — nous ....
c acheter — vous ....
d finir — je ....
e choisir — ils ....
f partager — vous ....
g punir — elles ....
h agir — tu ....
i battre — on ....
j attendre — vous ....
k mordre — elle ....
l vendre — je ....

3 Complete the sentences by adding the correct verb endings in the present tense.

a Il rest....... à la maison. Il regard....... le match de rugby à la télé.
b Nous habit....... au troisième étage. Tu mont....... par l'escalier ou par l'ascenseur.
c Je mang....... des sandwichs tous les jours à midi. Mes amis mang....... à la cantine.
d Vous parl....... à votre amie au téléphone. Elle te donn....... de ses nouvelles.

4 Translate the sentences into **French**.

a We're eating chicken. ....
b We're playing football. ....
c They swim every day. ....
d They're hiding in the trees. ....
e I'm stealing Robert's exercise book. ....
f School finishes at 4 pm. ....

5 Write in the present tense forms of the verb **être** — to be.

a	je	....	**d**	nous	....
b	tu	....	**e**	vous	....
c	il / elle / on	....	**f**	ils / elles	....

6 Write in the present tense forms of the verb **avoir** — to have.

a	je	....	**d**	nous	....
b	tu	....	**e**	vous	....
c	il / elle / on	....	**f**	ils / elles	....

7 Write in the present tense forms of the verbs below. Some are irregular.

a	je	**faire**	**f**	il / elle / on	**faire**
b	tu	**aller**	**g**	nous	**aller**
c	il / elle / on	**vouloir**	**h**	vous	**vouloir**
d	nous	**devoir**	**i**	ils / elles	**devoir**
e	vous	**faire**	**j**	je	**aller**

8 Fill in the gaps with the right form of the verb in **bold**.

a Il .... du thé. **boire**

b Ils .... toujours ça. **dire**

c Je .... un journal. **lire**

d ....-vous parler français? **savoir**

e Elles .... beaucoup de photos. **prendre**

f Vous .... la porte. **ouvrir**

g ....-tu venir avec moi au cinéma? **vouloir**

h Elle .... faire ses devoirs. **devoir**

i Nous .... faire une promenade s'il fait beau. **pouvoir**

9 Translate these sentences into **French** using the verbs from the box.

arriver à
commencer à
apprendre à

a I'm learning to play the guitar.

....

b It is starting to rain.

....

c I always manage to do my homework.

....

10 Rearrange the statements to form questions.

Example: Elle mange de la viande. Mange-t-elle de la viande?

a Tu vas en ville ce matin. ....

b Il aime le chocolat. ....

c Vous savez parler chinois. ....

d Elle a un petit ami. ....

e Nous devons partir bientôt. ....

11 In the conversation below, put the verbs in **bold** in the correct form.

Nicolas: Je .... (**devoir**) .... (**faire**) la vaisselle?
Mais je .... (**vouloir**) commencer mes devoirs.

Maman: Tu .... (**devoir**) faire ce que je dis.

Nicolas: Mais ce n'............................... (**être**) pas juste, maman.
Chantal ne .... (**faire**) jamais la vaisselle.

Chantal: Tu .... (**être**) menteur, Nicolas.
J'............................... (**aider**) beaucoup à la maison.

Maman: J'en .... (**avoir**) assez maintenant.
Vous .... (**aller**) .... (**faire**) la vaisselle
tous les deux, ensemble.

Perfect Tense

1 Write in the past participles of these regular verbs.

a acheter ....

b danser ....

c rendre ....

d cacher ....

e manger ....

f perdre ....

g mordre ....

h bavarder ....

i finir ....

j jouer ....

k vendre ....

l choisir ....

2 Complete these sentences by adding the correct form of **avoir**.

Example: J' ai................................ oublié mes lunettes de soleil.

a Ma belle-mère m'................................ offert de beaux cadeaux de Noël.

b Nous .... fêté l'anniversaire de mon père.

c Tu .... porté une chemise très laide.

d Mes cousins .... mangé des crêpes.

e Vous .... trouvé un métier intéressant.

3 Translate these sentences into **French** using the verbs in the box.

jouer	mordre
acheter	perdre

a I have bought a new bike.

....

b The dog bit my finger.

....

c Have you *(informal singular)* lost your bag?

....

d We played tennis yesterday.

....

4 Fill in the gaps with the perfect tense of the irregular verb in **bold**.

Example: Il ....a lu.................... le nouveau roman de son écrivain préféré. **lire**

a Tu .... la tasse sur la table. **mettre**

b Nous .... le train pour Nice. **prendre**

c Les parents .... une carte postale à leurs enfants. **écrire**

d Vous .... en France. **vivre**

5 Add the agreements to the past participles of the **être** verbs below.

Example: Vous (*masc. plural)* êtes né..s.... pendant que votre père regardait le football.

a Elle est parti...... quand elle a entendu la voix de son copain.

b Elles sont entré...... dans une pièce qui était pleine de poissons morts.

Sometimes you won't need to add anything.

c Il est venu...... me voir samedi après-midi.

d Tu *(masc.)* es sorti...... avec Alice.

6 Fill in the perfect tense forms of the verbs in **bold**. They all take **être**.

Example: Elles ..sont arrivées........ à la gare. **arriver**

a Mon petit frère .... de la planète Mars. **tomber**

b Nous *(fem.)* .... dans la salle de classe. **entrer**

c Ils .... ici pendant le match de football. **rester**

d Je *(fem.)* .... au collège début septembre. **rentrer**

7 Translate these sentences into **French**.

a My sister stayed at home yesterday evening.

....

b The work has become very difficult.

....

c You *(polite singular fem.)* left very early.

....

Imperfect Tense

1 Write in the correct form of **faire** in the imperfect tense.

a Nous .... beaucoup de devoirs tous les jours.

b Il .... mauvais pendant mes vacances.

c Les moutons .... du bruit au centre-ville.

d Tu .... les plus beaux gâteaux que j'ai jamais vus.

e Je .... la vaisselle avec mes doigts de pied.

f Qu'est-ce qu'elle .... hier soir?

g Vous me .... de beaux cadeaux.

2 Write in the correct form of **avoir** in the imperfect tense.

a Nous .... beaucoup de temps.

b On .... toujours quelque chose à faire.

c Vous .... mon adresse.

d J'................................ un melon et une courgette.

e Ils .... des problèmes.

f Tu .... la grippe.

g Il y .... beaucoup à faire à Londres.

3 Write in the correct form of **être** in the imperfect tense.

a Tu .... très content de recevoir le paquet.

b Nous .... bronzées après nos vacances.

c Ils .... toujours en retard.

d On .... heureux si on n'avait pas de devoirs.

e Vous .... les premiers à le faire.

f J'................................ très jeune.

g Le film .... amusant.

4 Translate these sentences into **English**. Write them all as 'was / were ...ing'.

a Je regardais la télévision. ....

b Elle dansait dans la salle à manger. ....

c Nous attendions le facteur. ....

d Ils faisaient beaucoup de bruit. ....

5 Translate these sentences into **English**. Write them all as 'used to ...'.

a Je jouais du piano. ....

b On allait au parc tous les jours. ....

c Nous regardions les actualités. ....

d Tu croyais au père Noël. ....

e Vous achetiez le journal. ....

6 Each of these sentences contains two verbs. Rewrite them in the past by turning one verb into the perfect tense and the other into the imperfect.

a Claudine va dehors sans parapluie et après, elle est mouillée.

....

b Je mange du pain parce que j'ai faim.

....

c Ils nagent pendant qu'il fait chaud.

....

7 Translate these sentences into **English**.

a J'attendais depuis deux heures quand ils sont venus me chercher.

....

b Nous dansions depuis un quart d'heure quand le prof est arrivé.

....

Future Tense

1 Give the immediate future tense forms of these verbs, matching the person given.

> The immediate future is formed with the present tense of 'aller' + an infinitive.

Example: choisir — je je vais choisir

a manger — tu ....

b finir — nous ....

c commencer — ils ....

d prendre — vous ....

e aller — elles ....

2 Give the future tense forms of these verbs.

Example: arriver — vous vous arriverez

a sauter — je ....

b vendre — elles ....

c danser — on ....

d jouer — nous ....

e finir — tu ....

3 Write in the future tense forms of the verbs in **bold**.

Example: Demain, nous achèterons une voiture. **buy**

a Il .... tous les gâteaux. **eat**

b Je te .... toutes les informations. **give**

c Elles .... pendant dix heures. **sleep**

d Tu .... les lettres. **forget**

e Vous .... s'il est permis d'amener les chiens. **ask**

f Je .... par raconter une histoire amusante. **finish**

g Ils .... un article pour le magazine. **write**

h On .... un bruit très fort. **hear**

Reflexive Verbs and Pronouns

1 Fill in the reflexive pronoun for each person.

a je .... lave
b tu .... laves
c il / elle .... lave
d nous .... lavons
e vous .... lavez
f ils / elles .... lavent

2 Choose the right verb from the box, then use the right form of the verb to fill in the gap.

Example: Je m'excuse — j'ai cassé votre vase.

a Nous .... toujours avec du savon particulier.
b Vous .... quand vous jouez au football?
c Les appartements .... de l'autre côté du supermarché.
d J'ai laissé ma sœur à la maison, parce qu'elle .... mal.
e Mes deux petits frères ne .... jamais de bonne heure.

se sentir
s'amuser
se laver
se coucher
se trouver
~~s'excuser~~

3 Add any missing agreements to these reflexive verbs in the perfect tense.

a Ce matin, elle s'est levé............... à huit heures.
b Les élèves *(masc.)* se sont excusé............... après le cours.
c Il s'est lavé............. trois fois avant son rendez-vous avec la princesse.
d Elles se sont amusé............. au marché de Noël.

4 Rearrange the words to form sentences in the future tense.

Example: trouverai je me Paris à Je me trouverai à Paris.

a vais je coucher me plus tôt ....
b sentirez vous mal vous ....
c à la politique nous intéresser allons nous ....
d fils mon appellera Marc s' ....

Negative Forms

1 Make these sentences negative by adding **ne...pas** or **n'...pas**.

Example: J'aime les chiens Je n'aime pas les chiens.

a Je mange la banane. ....

b Nous lavons nos vêtements. ....

c C'est loin d'ici. ....

d Il lit des livres. ....

e C'est la même chose. ....

f J'ai des pommes. ....

2 Make these perfect tense sentences negative, using the words in brackets.

a Il est allé au supermarché. (pas) ....

b Mon frère a joué. (pas) ....

c Je suis allée au collège. (jamais) ....

d Tout le monde a mangé du gâteau. (personne) ....

e Tu as fait beaucoup aujourd'hui. (rien) ....

3 Translate these sentences into **French**.
Use either the immediate future or the future tense as appropriate.

a I am not going to go to school next week.

....

b She will never play tennis.

....

c I'm not going to eat meat any more.

....

d He will be neither handsome nor tall.

....

Conditional

1 Complete the sentences with the correct conditional form of **vouloir**.

a Je .... un café, s'il vous plaît.

b Nous .... nous asseoir à l'extérieur.

c Elle .... rentrer à la maison.

d Ils .... voir le match.

e Est-ce que tu .... du thé ou du café?

f ....-vous venir avec nous?

2 Put the verbs in **bold** into the correct conditional form.

a Je .... rester à la maison. **préférer**

b Il .... manger le gâteau entier. **aimer**

c Nous .... voir un match de football. **détester**

d Je .... au hockey, si je n'avais pas mal à la jambe. **jouer**

e Ils ont dit qu'ils .... le train cet après-midi. **prendre**

f Je savais que vous .... ce film. **aimer**

g Ils .... toute la nuit. **danser**

3 Translate the sentences into **French**.

a I'd go to the cinema, but I don't have enough money.

....

b I'd do my homework if I had more time.

....

c You *(informal singular)* should arrive at 11 o'clock.

....

d We would like to help.

....

Imperative

1 Put the missing verb into the French sentences. They all need to be in the imperative form.

a .... tes devoirs! — *Finish your homework!*

b .... à la patinoire! — *Let's go to the ice rink!*

c Francine et Agnès, ... avec nous! — *Francine and Agnès, come with us!*

d .... tes légumes! — *Eat your vegetables!*

e .... du gâteau! — *Let's have some cake!*

f .... encore une fois! — *Try once more! (to a friend)*

g .... raisonnable! — *Be reasonable! (to a friend)*

h .... gentils! — *Be nice! (to a group of children)*

2 Change these French sentences into commands.

Example: Tu me prêtes ton stylo. Prête-moi ton stylo!

a Tu t'assieds. ....

b Vous vous asseyez. ....

c Nous nous levons. ....

d Tu te couches. ....

e Nous nous amusons. ....

f Vous vous taisez. ....

3 Make these commands negative.

Example: Levez-vous! Ne vous levez pas!

a Asseyez-vous! ....

b Couche-toi! ....

c Sors! ....

d Allons à la piscine! ....

e Lève-toi! ....

Pluperfect, Present Participle & Perfect Infinitive

1 Write out the pluperfect forms of the infinitives below, matching the person given.

Example: décrire — il il avait décrit

a faire — vous ....

b manger — je ....

c aller — nous ....

d partir — elles ....

e vivre — il ....

f dire — ils ....

g manquer — tu ....

h aimer — elle ....

2 Turn the infinitives below into present participles.

Example: Vouloir voulant

a donner ....

b acheter ....

c finir ....

d rendre ....

e choisir ....

f perdre ....

g faire ....

h aller ....

i dire ....

3 Complete the sentences by changing the infinitives into present participles.

a J'ai joué du piano en .... **parler**

b Il lui donne le bâton en .... **courir**

c Nous avons expliqué la situation en .... **pleurer**

d Elle est entrée en .... **rire**

e Il a attrapé le ballon en .... **tomber**

4 Translate these sentences into **French,** using the perfect infinitive.

a After having made the cake, I ate it.

....

b After having left, he came back.

....

Passive, Impersonal Verbs & Subjunctive

1 Translate the underlined words into **English**.

a Elle est renversée par l'escargot. ....

b Je suis regardé par tout le monde au théâtre. ....

c Louis et Carlo étaient punis par leur prof. ....

d Vous avez été trouvés par les pompiers. ....

e Elles seront blessées si elles ne font pas attention. ....

2 Match up the French sentences with the English translations.

a Il faut chanter très vite. ....

b Il est nécessaire de manger. ....

c Il neige aujourd'hui. ....

d Il est normal de croire cela. ....

e Il est difficile de dire. ....

f Il me semble normal de partir. ....

g Il est important de porter des vêtements. ....

h Il est étrange de voir ces choses. ....

i Il s'agit d'un homme et d'un chat. ....

1. It's snowing today.

2. It is difficult to say.

3. It is important to wear clothes.

4. It seems normal to me to leave.

5. It is necessary to sing very quickly.

6. It's about a man and a cat.

7. It is strange to see these things.

8. It is normal to believe that.

9. It is necessary to eat.

3 Translate the sentences into **English**.

a Il faut que tu viennes — tout le monde sera là!

....

b Il semble qu'ils aient une maladie grave.

....

c Je veux qu'il me dise toute l'histoire.

....

d Il est possible que nous y allions ce soir.

....

Asking Questions

1 Complete these sentences using the correct form of **quel**.

Example: ....Quelle.......... est ta matière préférée?

a .... filles vont aller à la fête?

b À .... heure commence le concert?

c La robe est de .... couleur?

d .... étudiant a eu les meilleures notes?

e .... livres avez-vous lu récemment?

f Vous parlez de .... village?

g .... fleurs préfères-tu — les jaunes ou les rouges?

h .... sont les avantages de ce plan?

2 Choose the correct interrogative from the list to start the sentences. Use each word **once**.

a .... est-ce que le film commence?

b .... sont mes chaussettes?

c .... peut me donner un stylo?

d .... peux-tu faire ça?

e .... d'oignons peut-on porter sur la tête?

f .... veux-tu faire ce soir?

g .... es-tu en retard?

combien
qui
que
quand
où
pourquoi
comment

3 Choose between either **Qu'est-ce que** or **Est-ce que** to start these questions correctly.

a .... vous allez faire si nous ne le trouvons pas?

b .... tu le feras avant de partir en vacances?

c .... il préfère la robe rouge ou la jupe rose?

d .... nous pouvons manger seulement du chocolat?

e .... elles vont faire pour fêter le mariage de leurs amis?

Answers

The answers to the translation questions are sample answers only, just to give you an idea of one way to translate them. There may be different ways to translate these passages that are also correct.

Section 1 — General Stuff

Page 1: Numbers

1 a) 73 **d)** 14
b) 20 **e)** 47
c) 17 **f)** 16

2 a) soixante-quinze
b) deux cents
c) trois cent vingt

3 a) about 10
b) €256
c) 5

Pages 2-3: Times and Dates

1 a) dix heures (du matin)
b) une heure et demie (de l'après-midi) / treize heures trente
c) deux heures et quart (de l'après-midi) / quatorze heures quinze
d) seize heures quarante-quatre

2 a) 8:15 am / 08:15 **d)** 7 pm / 19:00
b) 6 pm / 18:00 **e)** 9:30 pm / 21:30
c) 6:30 pm / 18:30

3 (i) a) spring
b) 1st April
c) August
(ii)a) winter

4 a) le mardi soir, à sept heures
b) un concours
c) le lundi soir et le samedi matin
d) la semaine prochaine

5 Le lundi, je vois mes ami(e)s. La semaine dernière, nous avons regardé un film d'action. Ce week-end, je vais faire les magasins avec mes cousin(e)s.

Pages 4-5: Opinions

1 a) Sabine: fashion magazines, she likes clothes
b) Lucas: novels, he likes stories

2 (i) A and D
(ii)C and D

3 a) Non, parce que les acteurs sont souvent mauvais.
b) Two from: Tous les acteurs sont doués. / Le film est dramatique. / Il y a plein de surprises. / On ne s'ennuie jamais.

4 Mon sport préféré, c'est le rugby parce que c'est très passionnant. Je joue au rugby depuis sept ans. Le week-end, j'aime regarder le sport à la télévision avec mes amis, mais je ne m'intéresse pas au football. Je pense que les joueurs sont arrogants. Dans le futur / À l'avenir, je voudrais être prof.

Section 2 — About Me

Pages 6-7: About Yourself

1 a) B and C **b)** A and D

2 a) Barteau **b)** Clément **c)** Garnier

3 a) Two from: Elle est assez grande. / Elle a les cheveux blonds et courts. / Elle a les yeux verts. / Elle est sportive.
b) Il est (déjà) plus grand que leur père.
c) Elle aime jouer au football. *[1 mark]*
Elle joue au football tous les samedis. *[1 mark]*

4 Grace a quinze ans. Elle habite dans une petite ville dans le nord de l'Angleterre, mais elle est née à Southampton. Quand elle était jeune elle avait les cheveux longs et bouclés, mais maintenant, elle a les cheveux courts et raides. Elle est bavarde et elle a toujours un bon sens de l'humour.

Page 8: My Family

1 a) C **b)** D **c)** A

2 Ma famille est assez grande parce que mes parents sont divorcés. J'habite avec ma mère et mon beau-père, mais je vois mon père et sa petite amie le week-end. Quelquefois, c'est assez compliqué, surtout à Noël. L'année dernière j'ai passé les vacances de Noël avec ma mère. Je ne sais pas où je serai cette année.

Pages 9-10: Describing People

1 a) D **d)** E
b) B **e)** C
c) A

2 A, E and F

3 a) A **b)** C **c)** B

4 J'ai deux sœurs et un frère. Mon frère est petit, mais il est très intelligent. Il est assez sportif, comme moi. Mes sœurs sont vraiment bêtes et égoïstes. Elles se disputent tout le temps. Ça m'énerve.

Page 11: Personalities

1 a) Sylvie **b)** Louis **c)** Étienne

2 a) hard-working **c)** rude
b) lively **d)** funny

Page 12: Pets

1 I have a dog who / which is big and black, and he is called Coco. In my opinion, Coco is the cheekiest dog on Earth because he likes to steal my whole family's socks. Yesterday, we played in the garden with his favourite toy — a tennis ball. He ran after the ball when I threw it, and then he brought it back to me.

2 a) Naima **b)** Lena **c)** Faiz

Page 13: Style and Fashion

1 a) les magazines **c)** passionnants
b) blouson **d)** coiffer

2 J'ai mon propre style — je ne veux pas ressembler aux mannequins ou aux célébrités. J'ai trois tatouages et je porte toujours des bijoux. La semaine dernière, j'ai acheté des bottes en cuir. Je pense qu'elles sont assez rétros. J'aimerais / Je voudrais aussi trouver une chemise en soie car ça m'irait bien.

Answers

Page 14: Relationships

1 J'ai rencontré mes deux meilleures amies au club des jeunes. Edith est très amusante / drôle et bavarde, comme moi. Delphine est timide mais gentille et généreuse. Elles sont très différentes mais elles sont très sympathiques et nous passons beaucoup de temps ensemble. Nous nous entendons bien. Quelquefois il est difficile de se faire des amis.

2 **(i)** B and D

(ii) A and C

Page 15: Socialising with Friends and Family

1 **a)** savoir écouter ses amis
b) être compréhensif
c) Les hommes rencontrent la plupart de leurs amis au travail, *[1 mark]* mais les femmes les rencontrent à l'école. *[1 mark]*

2 **a)** A **b)** B **c)** B

Page 16: Partnership

1 **a)** immédiatement
b) vivre seul
c) avoir une famille
d) penser au mariage

2 I have been going out with my boyfriend for ten years. He is my ideal partner because we have the same interests. However we will not get married because it is too expensive. Personally, I find that marriage is old-fashioned. We can live together without being married and we are going to buy a house.

Section 3 — Daily Life

Page 17: Everyday Life

1 Je me lève à sept heures. Je me douche et puis je m'habille. Je prends mon petit-déjeuner et je regarde la télévision. Je quitte la maison à huit heures et demie et je vais au collège à pied. Quand il pleut, mon père me conduit au collège. Le collège commence à neuf heures et il ne faut pas / on ne doit pas être en retard.

2 **a)** B **b)** C

Page 18: Food

1 **(i)** A and C **(ii)** B and D

2 **a)** un plat d'escargots avec du beurre à l'ail
b) des pommes de terre, des haricots verts et des carottes
c) du gâteau, de la glace et de la meringue

Pages 19-20: Shopping

1 My parents give me 40 euros a month. I save up to buy the clothes that I see in magazines. This season, all the models are wearing waistcoats. I already have a lot of clothes that I bought recently but they are not fashionable any more.

2 **(i)** a strawberry cake / a bottle of red wine

(ii) She had forgotten her purse.

3 Mes ami(e)s vont rester chez moi, donc je suis allé(e) au supermarché ce matin. J'ai acheté un demi-kilo de bœuf, des haricots verts et de la glace. D'habitude je préfère faire les courses en ligne parce que c'est plus facile. Cependant, quelquefois j'aime aller en ville.

4 Next week I am going to go on holiday, so tomorrow I will go into the town centre to buy some new clothes. I would like two dresses in pale pink and dark blue, a pair of shorts, two pairs of sandals and a coat / jacket. I hope that the weather will be good, so I need a swimming costume, a sun hat and some sun cream.

Pages 21-22: Technology

1 Tous mes amis / Toutes mes amies passent du temps en ligne. Cette année, j'ai reçu un ordinateur portable pour mon anniversaire. C'est utile parce que j'ai beaucoup de devoirs. Cependant, j'aime aussi surfer sur Internet. J'aimerais / je voudrais acheter un nouveau portable avec (un) écran tactile mais c'est / ça coûte trop cher.

2 **a)** Marc **b)** Laure **c)** Alex

3 **a)** A **b)** B

4 Je trouve la technologie très utile. Cependant, il me semble que beaucoup de gens sont accros à leur(s) tablette(s). Aussi / En plus, mes ami(e)s passent trop de temps sur leur(s) portable(s). Ils / Elles envoient des messages tout le temps. C'est vraiment embêtant / pénible. Nous jouions au foot ensemble mais maintenant ils / elles préfèrent surfer sur Internet.

Page 23: Social Media

1 I am addicted to social networks. I want to know what my friends are doing, and I think that it's a good way to communicate and to meet others. Last year, for example, I got to know a boy in Canada and we talk online every week.

2 **(i)** B and D **(ii)** B and C

Page 24: The Problems with Social Media

1 Mes parents ne veulent pas que j'utilise les réseaux sociaux. Ils pensent que ça peut être très dangereux mais je ne suis pas d'accord. Je ne mets pas mes photos en ligne et je ne partage jamais mes vidéos. Nous discutons des problèmes comme le harcèlement au collège. Cependant, je pense que les professeurs devraient nous donner plus d'informations.

2 I have to use social networks for my work. I find them practical / convenient for organising my life. However, I believe that it is important to be responsible because others can see what you upload. I write a fashion blog but I would never share personal details / information.

Section 4 — Free-Time Activities

Pages 25-26: Celebrations and Festivals

1 **a)** Two from: Bastille Day / Easter / Christmas
b) to help people learn more about the country's past
c) Two from: There is music outdoors. / The atmosphere is superb. / Musicians from around the world are invited. / It is very international.

2 B, D and F

3 **(i) a)** A **b)** B

(ii) a) B **b)** C

4 Le 14 juillet est la Fête nationale en France. Beaucoup de touristes vont à Paris pour voir les défilés. Cette année, je suis allé(e) à un parc près de la tour Eiffel pour regarder les feux d'artifice. C'était une expérience formidable / chouette / géniale. Mes ami(e)s aimeraient visiter Paris l'année prochaine, donc nous célébrerons ensemble.

Page 27: Books and Reading

1 B, E and F

2 J'adore la lecture, donc ma matière préférée à l'école / au collège est l'anglais. Je lis beaucoup de magazines et j'aime aussi les romans parce qu'on peut oublier ses problèmes. La semaine dernière, j'ai lu un roman policier passionnant. J'aimerais / Je voudrais parler de livres avec mes ami(e)s mais ils / elles pensent que la lecture est ennuyeuse.

Answers

Page 28: Film

1 J'adore aller au cinéma et je préfère regarder des films sur un grand écran. Hier soir, je suis allé(e) au cinéma avec mes ami(e)s. Le film était assez amusant / drôle mais je préfère les films policiers. Cette année, j'aimerais / je voudrais louer un cinéma pour mon anniversaire. Je pense que ce serait formidable.

2 **a)** It allows people to watch films.
b) 38 seconds
c) Two from: It took place on 28th December 1895. / It took place in the basement of the Grand Café in Paris. / It lasted around 20 minutes. / Ten films were shown.

Page 29: TV

1 **a)** Annabelle **b)** Annabelle **c)** Bastien

2 Je ne regarde pas beaucoup de télévision, mais je la regarde quand mon père n'est pas chez nous / à la maison. J'aime regarder un peu de tout. J'aime une grande variété d'émissions, surtout les feuilletons parce qu'ils sont amusants / drôles. J'adore aussi les jeux télévisés, mais je déteste la télé réalité parce que c'est faux / ce n'est pas la vérité.

Pages 30-31: Sport

1 Mon sport préféré c'est le basket. Je joue au basket depuis trois ans. Je m'entraîne deux fois par semaine après le collège et quelquefois il y a un tournoi le week-end. La semaine dernière mon équipe a gagné. Je joue aussi au tennis le samedi. À l'avenir, je voudrais / j'aimerais apprendre à faire du ski.

2 I am very proud of my sister because she is very gifted / talented at sport. Unfortunately, I am not sporty. When I was younger, I tried to do lots of sports but I had no talent. To stay fit, I run three times a week but it is difficult and boring.

3 **a)** Le Tour a été annulé. / Le Tour n'a pas eu lieu.
b) (en) Angleterre
c) Two from: Le format reste toujours le même. / Il y a un passage à travers les montagnes (des Pyrénées et des Alpes). / La course finit sur les Champs-Élysées à Paris.

4 **a)** horse riding, judo, swimming
b) the opening ceremony
c) 11
d) It's a (French) national passion.

Page 32: Music

1 I love music. I like all types / genres of music. I listen to music all the time, normally on my mobile (phone). Yesterday, I was listening to music while walking to school when I started to sing with the music. My friends were looking at me but I didn't know why!

2 **a)** C **b)** C

Section 5 — Where You Live

Page 33: The Home

1 I live with my parents, my brother and my sister. When I was younger, we lived in a flat in the town centre. Now we live in a big house which is near the park. I like my house because there is lots of space for all the family. However, the house is very old.

2 **a)** A **b)** A **c)** C

Pages 34-35: Talking About Where You Live

1 **a)** One from: The traffic was frightening. / There was a traffic jam on every street. / The air pollution was unbearable. / The noise was unbearable.
b) the most beautiful city in the world
c) show him the wonders of Paris

2 **a)** C **b)** D

3 J'habite à La Rochelle depuis cinq ans. La Rochelle se trouve / est dans le sud-ouest de la France. C'est une ville très animée et il y a toujours quelque chose à faire. On peut aller à la plage ou faire du surf. J'aimerais / je voudrais rester ici parce que j'aime habiter / vivre près de la mer.

4 **a)** C'est la capitale de la Belgique. *[1 mark]* La plupart des institutions de l'Union européenne y sont situées. *[1 mark]*
b) un grand nombre de bâtiments anciens et intéressants
c) quelquefois ils l'énervent

Page 36: Weather

1 Aujourd'hui il y a du soleil et il fait très chaud dans le sud de la France. Dans le nord de la France, c'est nuageux. Demain il y aura du vent dans le sud mais le temps sera beau / il fera beau. Cependant, dans le nord, il pleuvra et il fera assez froid, mais il y aura des éclaircies (dans) l'après-midi.

2 B, D and E

Section 6 — Travel and Tourism

Page 37: Where to Go

1 J'adore aller en vacances avec ma famille et l'année dernière, nous avons passé deux semaines en Espagne. Je préfère les vacances au bord de la mer parce que j'aime nager. Cependant mes parents préfèrent visiter des villes différentes, donc l'été prochain nous irons à Rome. Je ne suis jamais allé(e) en Italie donc ce sera très intéressant.

2 **a)** It is too expensive to go alone or with friends.
b) a holiday camp / in another European country
c) You will learn another language. *[1 mark]*
You will earn a bit of money. *[1 mark]*

Page 38: Accommodation

1 **(i) a)** C and D
(ii)a) C and D **b)** A and C

2 L'année dernière, ma famille a logé / est restée dans un petit hôtel en Angleterre. Quel désastre ! Notre chambre était très petite. La salle de bains était vraiment sale, c'était dégoûtant. La nourriture au restaurant était affreuse et le serveur était impoli. L'année prochaine, nous irons en Chine et visiterons un parc d'attractions.

Page 39: Getting Ready to Go

1 The newest hotel in Paris has just opened its doors. The hotel is (situated) in the city centre near the Eiffel Tower. It's easy to get there, thanks to the good public transport network in Paris. At the hotel, there is a big restaurant with a good choice of French specialities. To reserve a room in this magnificent hotel, visit its website.

2 **a)** 1
b) more information about the different types of room (available)
c) your name *[1 mark]* your telephone number *[1 mark]* the dates of your stay *[1 mark]*

Answers

Page 40: How to Get There

1 L'été dernier, je suis allé(e) en France avec mon ami(e). Nous avons voyagé en voiture et en bateau. La traversée a duré une heure mais malheureusement mon ami(e) s'est senti(e) malade. Le voyage en voiture était long mais intéressant. D'habitude je préfère prendre l'avion parce que c'est plus rapide. L'année prochaine, nous visiterons l'Allemagne en train.

2 French public transport is excellent. In cities there is the underground which is inexpensive / not expensive. For travelling around the country, there is the TGV / high-speed train which is very quick and a very well-developed motorway system.

Page 41: What to Do

1 **a)** Lyon **c)** Bordeaux
b) La Rochelle **d)** Cannes

2 **(i)** B and C **(ii)** A and B

Page 42: Eating Out

1 One of my favourite hobbies / pastimes when I am on holiday is eating in the local restaurants and trying the cuisine of the country / the national cuisine. Last year, I went to Berlin and I tasted some German specialities, like sausages. Next year I will go to Japan. I believe that the restaurants over there will be really different.

2 **(i) a)** meat / burgers
(ii)a) beef
b) She is allergic to egg. *[1 mark]*
She has to wash her hair. *[1 mark]*

Page 43: Practical Stuff

1 **(i) a)** He has lost his wallet.
b) describe exactly what is in his wallet
(ii)a) (She thinks that) someone has stolen her bike.
b) the colour of the bike *[1 mark]* the brand of the bike *[1 mark]*

2 This summer, I went to France but I had a lot of problems with the transport. My train left / departed late so I missed my connection. I had to buy a new ticket, which was very expensive. Then, I had difficulty finding the bus stop to go to the airport. Next time, I will go with a friend.

Page 44: Giving and Asking for Directions

1 **a)** You turn right and cross the street.
b) You take the street next to it and go straight ahead.
c) at the end of the street (opposite the Hôtel Magnifique)

2 **a)** derrière la banque *[1 mark]* au bout de la rue Cardinale *[1 mark]*
b) à deux kilomètres
c) à Nantes *[1 mark]* à 30 kilomètres *[1 mark]*

Page 45: Talking About Holidays

1 Pour moi, les vacances sont très importantes. J'aime me détendre et passer du temps avec ma famille. Nous allons toujours à l'étranger et essayons des activités différentes. L'année dernière nous avons passé deux semaines aux États-Unis et l'année prochaine nous irons en France. Nous allons faire du camping — ce sera formidable / chouette / génial.

2 **a)** drôles **c)** l'hospitalité
b) l'histoire du pays **d)** partir

Section 7 — Current and Future Study and Employment

Page 46: School Subjects

1 **(i) a)** A
(ii)a) C **b)** A

2 **a)** Elle aura un nouveau professeur cette année.
b) Elle adore partager ses opinions. / Elle adore discuter avec ses camarades de classe.
c) Elle sera sans ses copines dans la classe.

Page 47: School Routine

1 I find that the school day is too long. We start at eight thirty and we have two hours of lessons before break. Lunch lasts an hour. After that, there are lessons until five o'clock. Next year will be even more difficult because the lessons will finish at half past five.

2 **a)** B **b)** D **c)** A

Page 48: School Life

1 Aurore va au grand collège dans sa ville. Elle est en seconde. Son collège est assez vieux mais il est très bien équipé. Il y a un terrain de sport et l'année prochaine, il y aura une nouvelle piscine. Elle n'aimerait pas / elle ne voudrait pas aller à l'école privée dans sa ville parce qu'ils ne font qu'une heure de sport par semaine / ils font seulement une heure de sport par semaine.

2 I am going to go to the sixth form college near my home. The building is very modern and the classrooms are big. Also, / In addition, I will be able to sing in the choir and play in the orchestra. Unfortunately, my best friend will not go to sixth form college with me, because she wants to go to technical college.

Page 49: School Pressures

1 J'en ai marre du collège parce qu'il y a beaucoup de pression. Les cours sont barbants / ennuyeux et je ne les aime pas. Hier, mon / ma professeur s'est mis(e) en colère / s'est fâché(e) et j'ai eu une retenue pendant la pause de midi. Aussi / En plus, nous devons porter un uniforme scolaire mais je préférerais choisir mes vêtements moi-même.

2 **(i)** Problem: pressure / students are scared of failing their exams
Solution: teachers should be more understanding
(ii) Problem: students taking drugs and smoking
Solution: teachers should encourage students to think for themselves

Page 50: School Events

1 **a)** On a trouvé son journal intime après la guerre.
b) Two from: mettre des affiches / fabriquer des costumes / vendre des billets / jouer un rôle
c) Elle a dû / C'était difficile de faire ses devoirs et apprendre son texte en même temps.

2 A, C and E

Answers

Pages 51: Education Post-16

1 L'année prochaine, je vais quitter le collège. Il est difficile de trouver du travail donc je préférerais apprendre et gagner de l'argent en même temps. Mes ami(e)s ne sont pas d'accord et ils / elles resteront au lycée pour passer les examens. Ils iront à l'université et puis ils commenceront à travailler.

2 **a)** Marc **b)** Lucie **c)** Ankit

Pages 52-53: Career Choices and Ambitions

1 **(i)** C and D
(ii) A and D

2 Dans l'avenir, j'aimerais / je voudrais être informaticien. Ce serait une profession gratifiante / enrichissante, parce que l'informatique est ma matière préférée. Je veux travailler dans une grande entreprise. Mon ami préfère l'art et il voudrait être dessinateur. J'espère qu'il y aura des emplois dans ma ville.

3 **a)** A **b)** B

4 I have just sat / taken my exams and I don't know what I'm going to do in the future. My father is a lawyer, but that doesn't interest me. I wouldn't like to be sat down all the time because I'm very active. My mother was a teacher but I wouldn't like to work in a school.

Page 54: Languages for the Future

1 **a)** C and J **b)** A and G **c)** E and I

2 J'apprends le français et l'italien depuis cinq ans. J'irai au lycée parce que j'espère étudier les langues étrangères à l'université / la faculté. J'aimerais / Je voudrais être / devenir interprète parce que je pourrais parcourir le monde / voyager autour du monde. Cet été, je vais aller en Italie pour pratiquer mon italien.

Page 55: Applying for Jobs

1 **a)** Yuan **c)** Yuan
b) Corey **d)** Rosa

2 **a)** Two from: practical / hard-working / honest
b) a driving licence / being able to drive
c) send a copy of her CV *[1 mark]* send a copy of her passport *[1 mark]* (before the 30th November)

Section 8 — Global Issues

Page 56: Environmental Problems

1 **a)** Blaise **b)** Amir **c)** Blaise

2 **a)** recycle their rubbish *[1 mark]* buy products with recyclable packaging *[1 mark]*
b) Two from: cardboard boxes, plastic bottles, glass bottles, plastic bags

Page 57: Caring for the Environment

1 Je pense qu'il est très important de protéger l'environnement. Il y a beaucoup qu'on pourrait faire à la maison. Par exemple, en hiver j'éteins toujours le chauffage central pendant la journée. Hier, j'ai pris une douche au lieu d'un bain parce que ça utilise moins d'eau.

2 We should all respect the environment. Car and aeroplane emissions have already played a big part in air pollution, so we should try to find means of transport which damage the environment less. For example, you could take the train instead of an aeroplane to go on holiday.

Pages 58-59: Problems in Society

1 **a)** sa peau **b)** agace **c)** le racisme

2 Le chômage est un grand problème dans ma ville. L'usine a fermé l'année dernière, et plus de quatre cents personnes ont perdu leur travail / emploi / boulot. Il n'y avait pas beaucoup d'autres opportunités dans le quartier / la région donc c'était très difficile pour certaines familles. J'espère que je pourrai trouver du travail dans le futur / à l'avenir.

3 I live in a city where there is a lot of violence, and I'm really scared of the gangs in my area. In the evening, there are places which I avoid, especially as I was once attacked on my way home. It was frightening. We need to do something but I don't know what.

4 **(i)** C and D
(ii) B and E

Page 60: Volunteering

1 **a)** Il offre un refuge d'urgence de 24 heures. *[1 mark]*
Il y a des services de soutien. *[1 mark]*
b) Il nettoie la salle à manger. *[1 mark]*
Il aide dans la cuisine. *[1 mark]*

2 **a)** B **b)** A **c)** A

Page 61: Global Events

1 The football world cup will take place in June. It's a sports event that I love because there are famous players who come from all over the world / all corners of the world. Unfortunately, I was not able to / I couldn't buy tickets because they were too expensive. I hope that the French team will score lots of goals.

2 **a)** C **b)** B

Section 9 — Literary Texts

Pages 62-63: Literary Texts

1 **a)** He is tall / strong for his age.
b) their (mourning) clothes / they look sad
c) No one saw us leave.

2 **a)** A and C
b) so they don't have to eat the meals at the hostels

3 **a)** reconnu **b)** du cheval **c)** souvent

4 **a)** A **b)** C **c)** B

Section 10 — Grammar

Page 64: Nouns

1 **a)** carottes **f)** sac, mère
b) professeur, voiture **g)** Manon, pommes
c) français, Canada **h)** poste
d) cadeau, Marcel **i)** film
e) cochons **j)** Samantha, frère

2 **a)** m **i)** m
b) m **j)** m
c) m **k)** f
d) f **l)** f
e) f **m)** m
f) f **n)** m
g) m **o)** m
h) m **p)** m

Answers

3 **a)** nez
b) chevaux
c) fils
d) feux
e) noix
f) enfants
g) journaux
h) hommes
i) châteaux
j) petits pois
k) bijoux
l) travaux
m) bureaux
n) légumes
o) chapeaux

4 **a)** choux
b) jeux
c) animaux
d) enfants
e) chiens

Page 65: Articles

1 **a)** Les
b) le
c) la
d) les, la
e) L'

2 **a)** un, une, une
b) une, un
c) une, un

3 **a)** Je vais à la plage.
b) Il vient d'Italie.
c) Elle va aux magasins.

4 **a)** des
b) de
c) de l'
d) de la
e) de
f) de
g) du
h) des

5 **a)** Je vais au Pays de Galles cette année.
b) Il vient du Maroc.

Pages 66-68: Adjectives

1 **a)** facile
b) amusants, gentils
c) vieux
d) belle
e) triste
f) grande
g) bonne
h) long, ennuyeux

2 **a)** Alexandre a les yeux **bleus**.
b) J'habite dans une maison **moderne**.
c) La **première** question est très **difficile**.
d) Susanna porte un chapeau **rouge** et des chaussures **orange**.
e) Mes frères sont assez **sportifs**.
f) Le cochon d'Inde est **heureux** et **mignon**.

3 **a)** blanche
b) étrangers
c) dernières
d) chère
e) sèches

4 **a)** la montagne verte
b) le manteau vert
c) les yeux verts
d) les pommes vertes
e) l'homme vert
f) l'herbe verte

5 **a)** longues
b) nouvelle
c) toute
d) rigolo

6 **a)** Mes parents sont fous.
b) La campagne est belle.
c) Les femmes sont vieilles.

7 **a)** J'ai une chemise **bleue**.
b) Nous sommes au **premier** étage.
c) Loïc habite dans un **petit** appartement.
d) Il chante des chansons **étrangères**.
e) C'est une **bonne** peinture.

8 **a)** J'ai une grande voiture.
b) C'est un petit chat noir.
c) C'est la meilleure émission.
d) Elles ont un vieux chien.
e) Il a un travail intéressant.

9

	My	Your (inf., sing.)	His / her / its	Our	Your (formal, pl.)	Their
Masculine singular	mon	ton	son	notre	votre	leur
Feminine singular	ma	ta	sa	notre	votre	leur
Plural	mes	tes	ses	nos	vos	leurs

10 **a)** Mon
b) ton
c) Sa
d) votre
e) leurs
f) son

11 **a)** Je joue au rugby **chaque** week-end.
b) Eric a acheté **quelques** légumes.
c) **Chaque** élève doit faire ses devoirs.
d) Il a trouvé **quelques** livres intéressants.

12 **a)** Je pense que **ce** travail est un peu ennuyeux
b) **Cet** hôpital est merveilleux.
c) Je ne me souviens pas de **ce** film.
d) **Ces** animaux sont malheureux.
e) Les hommes vont aux États-Unis **cette** année.

Pages 69-70: Adverbs

1 **a)** totalement — totally / completely
b) vraiment — truly / really
c) fréquemment — frequently
d) doucement — softly / quietly
e) simplement — simply

2 **a)** vite
b) énormément
c) Récemment
d) Normalement
e) vraiment

3 **a)** facilement
b) évidemment
c) clairement
d) calmement
e) précisément
f) gentiment
g) stupidement
h) incroyablement
i) heureusement
j) complètement
k) deuxièmement
l) honnêtement

4 **a)** Il nage bien.
b) Eleanor chante mal.

5 **a)** Hier
b) souvent
c) Normalement
d) demain
e) déjà

6 **a)** in general / generally
b) absolutely
c) late
d) in any case
e) from time to time
f) next year
g) last week
h) at the same time

Answers

7 **a)** Je l'ai vu **là-bas**.
b) Elle a perdu son portable **quelque part**.
c) Mon père a ses papiers **partout**.
d) L'aéroport est assez **loin** de la ville.
e) Venez **ici**, s'il vous plaît.

8 **a)** André lit le journal chaque jour / tous les jours.
b) Quelquefois, on peut entendre la mer.
c) Ma sœur voyage partout.

Pages 71-72: Comparatives and Superlatives

1 **a)** plus gentil que Sofia.
b) plus intéressants que le roman.
c) plus forte que Marie.

2

	Least	Middle	Most
intelligent	Arnaud	David	Julia
funny	Arnaud	David	Julia
tall	Julia	Arnaud	David
sporty	David	Arnaud	Julia
kind	Arnaud	Julia	David

3 **a)** Cette fête est la plus passionnante.
b) Je suis étrange / bizarre, mais il est le plus étrange / bizarre.
c) Ces arbres sont les plus verts.

4 **a)** les meilleures
b) pire que
c) les pires
d) meilleure que

5

Adverb	Comparative	Superlative
bien	mieux	le mieux
mal	pire	le pire
beaucoup	plus	le plus
peu	moins	le moins

6 **a)** aussi...que — as...as
b) moins...que — less...than
c) autant que — as much as

7 **a)** Ayesha nage le **pire** dans la mer.
b) Matthieu cuisine **plus** à la maison que Charles.
c) Lucie écrit le **moins** au collège.

8 **a)** Zanna écrit autant qu'Étienne.
b) Le chien noir est le plus âgé / vieux.
c) Les gâteaux au chocolat sont les meilleurs.
d) Je joue au tennis mieux que ma sœur.

Page 73: Quantifiers and Intensifiers

1 **a)** peu **c)** trop
b) assez **d)** très

2 **a)** La mer était incroyablement froide.
b) Mon cochon est exceptionnellement rose.
c) Le chat de Farouk est énormément gros.

3 **a)** a little bit / a little bit of / a little
b) enough
c) too much / too many
d) little / not much / not many
e) lots of / many / a lot of

4 **a)** Elles ont **assez de** poissons.
b) Elle a **trop d'**argent.
c) Mon ami a **beaucoup de** serpents.
d) Le magicien a eu **peu de** succès.

Pages 74-75: Pronouns

1 **a)** Elle **c)** Elles
b) Il **d)** Ils

2 **a)** Nous **leur** avons offert un jambon.
b) Je **lui** ai donné mon numéro.
c) Il **m'**a apporté ton cahier.
d) Je **t'**ai déjà parlé.
e) Nous **vous** avons tout expliqué.
f) Elle **nous** a acheté un cadeau.

3 **a)** Nous pouvons le leur donner.
b) Mon père t'y attend.
c) Je la lui avais offerte.
d) Vous lui en achetez.
e) Elle les y rencontre.

4 **a)** On **y** va s'il fait beau.
b) Elle **y** va tout à l'heure.
c) Est-ce que tu peux m'**en** acheter.
d) Je n'**y** vais pas à cause des monstres.
e) Les vacances, parlons-**en**.
f) Je n'**en** ai plus.
g) Tu **y** es déjà allée?
h) On ne s'**en** sortira jamais !

5 **a)** quelque chose **d)** chacun(e)
b) tout **e)** tout le monde
c) quelqu'un **f)** plusieurs

6 **a)** moi **c)** nous
b) elle **d)** lui

7 **a)** I think that there is / are some in the kitchen.
b) Everyone goes there when the weather is nice.
c) He wanted to sell each one of his books, but there are several left.
d) Have you decided to go there this year?

Page 76: Relative and Interrogative Pronouns

1 **a)** qui **d)** qu'
b) que **e)** qu'
c) qui **f)** qui

2 **a)** De quoi parle Charlie?
b) Qui a mangé les pommes?
c) Que fais-tu le week-end?
d) Qui peut / pourrait m'aider à faire cet exercice?

3 **a)** I saw the horrible children we talked about.
b) The illness from which she suffers gives her a green nose.
c) The farmer has a hen whose eggs are perfect.
d) He had three cakes, two of which were filled with fruit.

Page 77: Possessive and Demonstrative Pronouns

1 **a)** incorrect, la nôtre should be **le nôtre**.
b) incorrect, les miens should be **le mien**.
c) correct
d) incorrect, la vôtre should be **le vôtre**.
e) correct

2 **a)** That doesn't interest me much.
b) That makes me cry.
c) We are going to organise ourselves like this.

3 **a)** celui-ci **d)** Celles-ci
b) Ceux-ci **e)** Ceux-ci
c) celle-là

Pages 78-79: Prepositions

1 **a)** de la **f)** au
b) aux **g)** du
c) à la **h)** de la
d) du **i)** à la
e) à, à **j)** de

Answers

2 a) à f) aux
b) en g) dans
c) en h) aux
d) dans i) Dans
e) à j) en

3 a) I will be abroad for a month.
b) I have been learning French for four years.
c) I have travelled around France for six weeks.

4 a) sous e) chez
b) sur f) vers
c) sans g) avec
d) après h) avant

5 a) L'école est en face de la piscine.
b) Je suis resté(e) à la maison / chez moi à cause de la pluie.
c) Il y a un supermarché à côté du parc.
d) Aix-en-Provence est / se trouve près de Marseille.

Page 80: Conjunctions

1 a) and i) then
b) if j) or else
c) but k) like, as
d) after l) while
e) since m) because
f) because n) neither...nor
g) or o) when / as soon as
h) when

2 a) mais e) si
b) pendant qu' f) quand
c) parce que g) parce qu'
d) comme h) puis

3 a) Je voudrais une pomme **et** une poire.
b) C'est mon anniversaire **mais** je ne sors pas.
c) **Si** tu manges le champignon, je te tuerai.
d) Je me douche, **puis** je m'habille.
e) **Comme** j'étais en retard, j'ai manqué le bus.

Pages 81-83: Present Tense

1 a) vais f) ai
b) aime g) faites
c) est h) mange
d) vois i) détestons
e) préfère j) a

2 a) mange g) punissent
b) donnons h) agis
c) achetez i) bat
d) finis j) attendez
e) choisissent k) mord
f) partagez l) vends

3 a) e, e c) e, ent
b) ons, es d) ez, e

4 a) Nous mangeons du poulet.
b) Nous jouons au foot.
c) Ils nagent tous les jours.
d) Ils se cachent dans les arbres.
e) Je vole le cahier de Robert.
f) L'école finit à 16 heures.

5 a) suis d) sommes
b) es e) êtes
c) est f) sont

6 a) (j') ai d) avons
b) as e) avez
c) a f) ont

7 a) fais f) fait
b) vas g) allons
c) veut h) voulez
d) devons i) doivent
e) faites j) vais

8 a) boit f) ouvrez
b) disent g) Veux
c) lis h) doit
d) Savez i) pouvons
e) prennent

9 a) J'apprends à jouer de la guitare.
b) Il commence à pleuvoir.
c) J'arrive toujours à faire mes devoirs.

10 a) Vas-tu en ville ce matin?
b) Aime-t-il le chocolat?
c) Savez-vous parler chinois?
d) A-t-elle un petit ami?
e) Devons-nous partir bientôt?

11 dois, faire, veux
dois
est, fait
es, aide
ai, allez, faire

Pages 84-85: Perfect Tense

1 a) acheté g) mordu
b) dansé h) bavardé
c) rendu i) fini
d) caché j) joué
e) mangé k) vendu
f) perdu l) choisi

2 a) a d) ont
b) avons e) avez
c) as

3 a) J'ai acheté un nouveau vélo.
b) Le chien a mordu mon doigt. / Le chien m'a mordu le doigt.
c) As-tu perdu ton sac?
d) Nous avons joué au tennis hier.

4 a) as mis c) ont écrit
b) avons pris d) avez vécu

5 a) e b) es c) — d) —

6 a) est tombé c) sont restés
b) sommes entrées d) suis rentrée

7 a) Ma sœur est restée à la maison hier soir.
b) Le travail est devenu très difficile.
c) Vous êtes partie très tôt.

Pages 86-87: Imperfect Tense

1 a) faisions e) faisais
b) faisait f) faisait
c) faisaient g) faisiez
d) faisais

2 a) avions e) avaient
b) avait f) avais
c) aviez g) avait
d) avais

3 a) étais e) étiez
b) étions f) étais
c) étaient g) était
d) était

Answers

4 **a)** I was watching television.
b) She was dancing in the dining room.
c) We were waiting for the postman.
d) They were making a lot of noise.

5 **a)** I used to play the piano.
b) We used to go to the park every day.
c) We used to watch the news.
d) You used to believe in Father Christmas.
e) You used to buy the newspaper.

6 **a)** Claudine est allée dehors sans parapluie et après, elle était mouillée.
b) J'ai mangé du pain parce que j'avais faim.
c) Ils ont nagé pendant qu'il faisait chaud.

7 **a)** I had been waiting for two hours when they came to get me.
b) We had been dancing for a quarter of an hour when the teacher arrived.

Page 88: Future Tense

1 **a)** tu vas manger **d)** vous allez prendre
b) nous allons finir **e)** elles vont aller
c) ils vont commencer

2 **a)** je sauterai **d)** nous jouerons
b) elles vendront **e)** tu finiras
c) on dansera

3 **a)** mangera **e)** demanderez
b) donnerai **f)** finirai
c) dormiront **g)** écriront
d) oublieras **h)** entendra

Page 89: Reflexive Verbs and Pronouns

1 **a)** me **c)** se **e)** vous
b) te **d)** nous **f)** se

2 **a)** nous lavons **d)** se sent / se sentait
b) vous amusez **e)** se couchent
c) se trouvent

3 **a)** e **b)** s **c)** — **d)** es

4 **a)** Je vais me coucher plus tôt.
b) Vous vous sentirez mal.
c) Nous allons nous intéresser à la politique.
d) Mon fils s'appellera Marc.

Page 90: Negative Forms

1 **a)** Je ne mange pas la banane.
b) Nous ne lavons pas nos vêtements.
c) Ce n'est pas loin d'ici.
d) Il ne lit pas de livres.
e) Ce n'est pas la même chose.
f) Je n'ai pas de pommes.

2 **a)** Il n'est pas allé au supermarché.
b) Mon frère n'a pas joué.
c) Je ne suis jamais allée au collège.
d) Personne n'a mangé de gâteau.
e) Tu n'as rien fait aujourd'hui.

3 **a)** Je ne vais pas aller à école / au collège la semaine prochaine.
b) Elle ne jouera jamais au tennis.
c) Je ne vais plus manger de viande.
d) Il ne sera ni beau ni grand.

Page 91: Conditional

1 **a)** voudrais **d)** voudraient
b) voudrions **e)** voudrais
c) voudrait **f)** Voudriez

2 **a)** préférerais **e)** prendraient
b) aimerait **f)** aimeriez
c) détesterions **g)** danseraient
d) jouerais

3 **a)** J'irais au cinéma, mais je n'ai pas assez d'argent.
b) Je ferais mes devoirs si j'avais plus de temps.
c) Tu devrais arriver à onze heures.
d) Nous aimerions aider.

Page 92: Imperative

1 **a)** Finis **e)** Ayons
b) Allons **f)** Essaie / Essaye
c) venez **g)** Sois
d) Mange **h)** Soyez

2 **a)** Assieds-toi! **d)** Couche-toi!
b) Asseyez-vous! **e)** Amusons-nous!
c) Levons-nous! **f)** Taisez-vous!

3 **a)** Ne vous asseyez pas! **d)** N'allons pas à la piscine!
b) Ne te couche pas! **e)** Ne te lève pas!
c) Ne sors pas!

Page 93: Pluperfect, Present Participle & Perfect Infinitive

1 **a)** vous aviez fait **e)** il avait vécu
b) j'avais mangé **f)** ils avaient dit
c) nous étions allé(e)s **g)** tu avais manqué
d) elles étaient parties **h)** elle avait aimé

2 **a)** donnant **d)** rendant **g)** faisant
b) achetant **e)** choisissant **h)** allant
c) finissant **f)** perdant **i)** disant

3 **a)** parlant **d)** riant
b) courant **e)** tombant
c) pleurant

4 **a)** Après avoir fait le gâteau, je l'ai mangé.
b) Après être parti, il est revenu.

Page 94: Passive, Impersonal Verbs & Subjunctive

1 **a)** She is knocked over
b) I am watched
c) Louis and Carlo were punished
d) You have been found
e) They will be injured

2 **a)** 5 **f)** 4
b) 9 **g)** 3
c) 1 **h)** 7
d) 8 **i)** 6
e) 2

3 **a)** You must come — everyone will be there!
b) It seems that they have a serious illness.
c) I want him to tell me the whole story.
d) It is possible that we will go there this evening.

Page 95: Asking Questions

1 **a)** Quelles **e)** Quels
b) quelle **f)** quel
c) quelle **g)** Quelles
d) Quel **h)** Quels

2 **a)** Quand **e)** Combien
b) Où **f)** Que
c) Qui **g)** Pourquoi
d) Comment

3 **a)** Qu'est-ce que **d)** Est-ce que
b) Est-ce que **e)** Qu'est-ce qu'
c) Est-ce qu'

Transcripts

Section 1 — General Stuff

Track 01 — p.1

e.g. **M1** : Mon week-end était génial ! Tout d'abord, j'ai fait du shopping et j'ai acheté deux T-shirts et un jean.

3 **M1** : J'adore regarder les films et heureusement j'ai trouvé beaucoup de DVD dans un magasin de disques — j'en ai acheté une dizaine.

Finalement, j'ai choisi trois nouvelles casquettes de base-ball. Elles sont chouettes. Tout ça m'a coûté deux cent cinquante-six euros.

J'ai passé le samedi soir avec cinq de mes copains. Nous avons regardé un film ensemble. C'était le seizième anniversaire de mon meilleur ami, donc il a reçu beaucoup de cadeaux.

Track 02 — p.3

3 (i) **F1** : La saison que j'aime le plus, c'est le printemps, car on peut passer du temps dehors. J'adore faire des promenades. En plus, mon anniversaire, c'est le premier avril.

J'aime aussi l'été. Chaque année en août je passe deux semaines à la campagne avec ma famille. Nous faisons du camping. Je n'aime pas le mois de septembre parce que c'est la rentrée au collège.

3 (ii) **M1** : Personnellement, je préfère l'hiver car j'aime bien faire du ski. J'adore le mois de décembre parce qu'il fait toujours froid et quelquefois il neige. La saison que j'aime le moins, c'est l'été, car j'ai des examens au collège.

Track 03 — p.4

2 (i) **M1** : Salut Claire ! Comment ça va ?

F1 : Salut Georges ! Ça va très bien, merci. Je viens d'assister à un concert chouette de ma chanteuse préférée, Lilette Laurent. C'est une chanteuse vraiment douée. À mon avis, elle a beaucoup de talent et en plus elle est très sympathique.

Elle travaille avec les enfants défavorisés. J'ai regardé une émission à son sujet et ça m'a vraiment impressionnée. À mon avis, sa nouvelle chanson est géniale. Sa musique rend les gens heureux et moi, je crois que ça, c'est la chose la plus importante.

2 (ii) **M1** : Personnellement, je trouve qu'elle n'a pas de talent. Elle est riche et stupide. J'avoue qu'elle est assez belle, mais c'est tout. En plus elle n'écrit pas ses propres chansons. Toutes les vedettes sont ainsi : leur seul objectif, c'est de gagner de l'argent.

Elle veut simplement attirer l'attention du public. Elle en a besoin, car sa musique est affreuse ! Moi, j'aime le rock. La musique pop m'énerve, surtout les chanteurs gâtés comme Lilette Laurent.

Section 2 — About Me

Track 04 — p.6

2 **F1** : Je m'appelle Célia Barteau. Mon nom s'écrit B-A-R-T-E-A-U.

F2 : Je suis Baya Clément. Clément s'écrit C-L-É-M-E-N-T.

M1 : Je m'appelle Enzo Garnier. Ça s'écrit G-A-R-N-I-E-R.

Track 05 — p.8

1 **F1** : Je m'appelle Claudine et j'habite à Nancy avec ma famille. Ma famille n'est pas très grande. Mes parents sont divorcés et j'habite avec mon père, ma belle-mère, mon demi-frère, et notre chien, Hugo.

F2 : Je suis Jamilah. J'ai vingt ans et j'habite à Paris. L'année dernière je me suis mariée avec mon petit ami et maintenant je partage un appartement avec mon mari près de Montmartre.

M2 : Je m'appelle Quentin. J'ai seize ans et j'habite à Lyon avec ma famille. Je partage une chambre avec mon petit frère Robert qui a dix ans. J'ai aussi un frère aîné, Michel, qui a dix-huit ans et il va au lycée. Enfin, j'ai une petite sœur, Mimi, qui a onze ans.

Track 06 — p.9

2 **F1** : Pourriez-vous décrire l'homme que vous avez vu, s'il vous plaît ?

F2 : C'était un petit homme. On pourrait dire qu'il était un peu gros aussi.

M1 : Mais non ma chérie, ce n'est pas vrai. Il était très grand — on l'a remarqué même de loin. En plus, je ne suis pas convaincu qu'il soit gros. Je crois qu'il était assez maigre.

F2 : Tu ne sais pas ce que tu as vu, mon cher. Il me semble que tu ne portais pas tes lunettes. C'était un petit homme gros.

F1 : Merci, c'est... très utile. Est-ce que vous vous rappelez son visage ou ses cheveux ?

F2 : Il s'agissait d'un homme laid au grand nez. En plus, il avait les cheveux noirs et longs.

M1 : Attends Patricia, tu imagines des choses. Il avait les cheveux blonds et courts. Je n'ai pas vu son visage.

Track 07 — p.11

2 **M1** : Bonjour, je m'appelle Tristan. J'ai beaucoup de respect pour mon beau-père. Il est travailleur mais aussi bavard et aimable.

F1 : Je suis Héloïse. J'adore ma cousine. Elle est pleine de vie.

M1 : Je m'appelle Gregor. Mon grand-père m'énerve quelquefois parce qu'il est un peu impoli et égoïste. En plus il raconte des histoires ennuyeuses.

F2 : Je m'appelle Mirah. À mon avis, ma demi-sœur est vraiment drôle. Elle sait comment faire rire les gens.

Track 08 — p.13

e.g. **M1** : Je m'appelle Samir. Pour moi, être à la mode c'est très important.

1 **M1** : J'essaie de mettre toujours des vêtements à la mode, et je lis des magazines pour me donner des idées. Les vêtements des années soixante-dix sont à la mode cette saison et je veux acheter un blouson à pois.

F1 : Moi, je suis Maya. Je ne mettrais pas un gilet moche simplement parce que c'est à la mode — je trouve ça nul. Par contre, j'ai un style personnel, et j'aime me faire coiffer au salon tous les quinze jours.

Track 09 — p.14

2 (i) **F1** : Est-ce qu'il y a quelqu'un qui te sert de modèle, Mathilde ?

F2 : Oui, plusieurs personnes, elles sont toutes très douées pour le sport. Je trouve que les athlètes sont les meilleurs modèles car ils sont travailleurs, motivés et actifs. En regardant les Jeux Olympiques, j'ai été inspirée. Maintenant, je m'entraîne quatre fois par semaine avec une équipe d'athlétisme locale. J'espère rencontrer mes héros sportifs un jour !

2 (ii) **F1** : Les modèles sont-ils importants pour toi, Niamh ?

F2 : Selon moi, il n'est pas nécessaire d'avoir un modèle. Quand j'étais plus jeune, j'adorais écouter de la musique folk, et j'avais beaucoup de respect pour une musicienne qui faisait partie de mon groupe préféré. Maintenant, je pense qu'il faut tout simplement vivre sa propre vie et essayer d'être honnête et généreux. On n'a pas besoin de modèles pour faire cela.

Track 10 — p.15

2 **F2** : Les grands événements familiaux, comme les mariages et les fêtes d'anniversaire, sont super car on voit toute la famille en même temps. Mes grands-parents habitent très loin de chez nous, donc nous ne nous voyons que quelques fois par an. En mai, ma tante s'est mariée et tout le monde était là.

Mes amies sont très importantes pour moi aussi. Ma meilleure amie s'appelle Kelise et nous nous amusons bien ensemble. Je peux lui parler de tout et nous avons les mêmes intérêts, surtout la musique classique. Elle joue de la flûte et moi, je joue du piano.

Track 11 — p.16

1 **F1** : Bonjour et bienvenue à cette édition de « L'heure des jeunes ». Aujourd'hui, nos invités vont parler du mariage. Armand, qu'en penses-tu ?

M1 : Je pense que le mariage c'est très important mais je peux très bien vivre seul — je n'ai pas l'intention de me marier tout de suite. En fait, je préférerais rester célibataire — c'est plus facile et je pourrais faire tout ce que je voudrais.

F1 : Et toi, Zoé, qu'est-ce que tu en penses ?

F2 : À l'avenir je voudrais me marier et avoir des enfants. Je sors avec mon copain depuis trois ans mais il n'est pas prêt à y penser.

Section 3 — Daily Life

Track 12 — p.18

1 (i) **M1** : De nos jours, la nourriture est un sujet controversé. Nos habitudes alimentaires ont changé de façon radicale ces dernières années. On dit que l'alimentation des gens est moins saine que dans le passé, et que les jeunes surtout ne mangent pas assez de fruits et de légumes.

1 (ii) **M1** : Mais qu'est-ce qui a provoqué ce développement négatif ? Il y a un grand nombre de théories différentes.

Certains croient que les restaurants fast-food en sont responsables, car il est plus facile qu'avant d'acheter une grande quantité de nourriture grasse et salée qui ne coûte pas cher. En plus, de nos jours, on peut très facilement acheter des produits sucrés. Le chocolat, les bonbons et les gâteaux peuvent tous avoir un effet négatif sur la santé, si on en mange trop souvent.

Toutefois, la plupart des experts sont de l'avis que pour vivre sainement, il faut manger un peu de tout et rester actif.

Track 13 — p.19

e.g. **M1** : Je suis Abdoul. Moi, je préfère faire du lèche-vitrine et je n'ai pas acheté grand-chose.

2 (i) **M1** : Je suis Frédéric et je suis allé au supermarché. J'avais l'intention d'acheter seulement du pain et du fromage, mais en fait je viens d'acheter pas seulement le pain et le fromage, mais aussi un gâteau aux fraises et une bouteille de vin rouge.

2 (ii) **F1** : Je m'appelle Manon et je suis allée à la parfumerie. Ma mère adore le parfum et j'avais envie d'acheter un flacon de parfum spécial à lui donner. J'ai choisi un parfum chouette, mais quand j'ai voulu payer, j'ai découvert que j'avais oublié mon porte-monnaie. Quelle idiote !

Track 14 — p.22

e.g. **M1** : Je trouve que c'est un peu dangereux. On ne sait jamais ce qu'on va trouver.

3 **F2** : Moi, j'aime assez la technologie, parce qu'on peut s'en servir pour découvrir de nouvelles choses. Il y a une application pour tout et j'apprends beaucoup. Par exemple, j'utilise une application pour apprendre l'espagnol.

M1 : J'aime Internet, mais il me semble que les jeunes passent trop de temps devant un écran en raison des appareils comme les tablettes et les smartphones. On est toujours connecté.

Track 15 — p.23

e.g. **M1** : Tu utilises les réseaux sociaux, Cho ?

F1 : Oui, j'aime utiliser les réseaux sociaux. Cependant, je sais que cela peut être dangereux et il faut faire attention à ce qu'on partage.

2 (i) **F1** : Et toi, Jules ?

M1 : Moi, j'utilise les médias sociaux pour partager des photos et des vidéos. Je pense que c'est génial de pouvoir montrer aux autres ce qu'on fait. Par exemple, si on sort le soir, on peut mettre des images en ligne, pour que tout le monde sache que tu t'amuses. En outre, on peut voir les photos que les autres ont mises en ligne, ce qui est toujours intéressant parce qu'on sait ce qu'ils font.

2 (ii) **M1** : Et toi, Clara : est-ce que tu aimes les réseaux sociaux ?

F2 : J'aime partager mes photos, mais je demande toujours la permission de mes amis avant de les mettre en ligne. S'ils ne sont pas d'accord, je ne les mets pas. Il faut accepter que les photos soient visibles à tous. En plus, on ne peut jamais vraiment effacer les choses qu'on a mises en ligne. Il me semble qu'elles restent sur Internet pour toujours.

Section 4 — Free-time Activities

Track 16 — p.25

2 **M1** : L'Aïd est la fête qui marque la fin du ramadan. Pour le célébrer, les musulmans vont prier à la mosquée ensemble au petit matin. Tout le monde met ses plus beaux vêtements.

Vers midi, on partage un repas festif avec la famille, les voisins et les amis. Ce qu'on mange dépend de la tradition du pays. Les invités font une grande fête — ils écoutent de la musique et dansent. Les gens offrent de petits cadeaux aux enfants. Selon la tradition, les enfants doivent porter de nouveaux vêtements.

Track 17 — p.26

3 (i) **M1** : Bonjour Madame Romero. Comment fête-t-on la Nouvelle Année en France ?

F1 : En général, le 31 décembre, les invités arrivent vers 20 heures et on prend l'apéritif pour fêter le réveillon de la Saint-Sylvestre.

M1 : C'est quoi le réveillon ?

F1 : Quand on fait le réveillon, on dîne avec les invités, mais on ne commence pas à manger avant 22 ou 23 heures. À minuit, on s'embrasse et on se souhaite la bonne année.

3 (ii) **F1** : Ensuite, on continue à manger, à chanter et à danser en famille et avec nos amis. On fait la fête au moins jusqu'à 4 heures du matin avant de se coucher.

M1 : Et que font les gens le premier janvier ?

F1 : On déjeune en famille vers 13 heures. C'est l'occasion de présenter nos meilleurs vœux à toute la famille. Les enfants reçoivent les étrennes. Les étrennes sont de petits cadeaux : des bonbons ou quelques euros pour fêter le nouvel an. Il est aussi coutume de donner des étrennes au facteur et aux pompiers.

Track 18 — p.28

2 **F1** : En 1895 les frères Lumière ont inventé le cinématographe, et grâce à cet appareil, l'art du cinéma est né. Le cinématographe était une caméra qui permettait aux gens de regarder des films.

Leur premier film s'appelait 'La Sortie de l'usine Lumière' et ça durait seulement 38 secondes.

Ils ont organisé la première représentation publique payante des films le 28 décembre 1895 au sous-sol du Grand Café à Paris. La séance a duré environ 20 minutes et on y a projeté dix films.

Track 19 — p.31

4 **F1** : Je suis Nelly. Moi, j'ai beaucoup aimé les Jeux Olympiques. J'ai regardé autant d'événements que je pouvais. Mes sports préférés étaient l'équitation, le judo et la natation.

M1 : Je m'appelle Kemal. Les événements sportifs ne m'intéressaient pas beaucoup, mais j'ai regardé la cérémonie d'ouverture et c'était fantastique — il y avait des danseurs et de la musique. C'était un vrai spectacle.

F2 : Je suis Dina. J'ai passé des semaines entières à regarder les Jeux Olympiques. La France a gagné 10 médailles d'or et 11 médailles d'argent. J'étais vraiment contente que les français aient gagné la médaille d'or pour le cyclisme parce que c'est vraiment une passion nationale.

Track 20 — p.32

e.g. **M1** : Je suis Mark. Dans l'avenir, j'aimerais jouer de la guitare professionnellement et, si j'ai de la chance, je ferai partie d'un groupe de rock.

2 **F1** : Je m'appelle Kenza. J'aime la musique classique et je trouve les symphonies de Beethoven incroyables. Je ne joue pas d'instrument mais je chante dans la chorale à l'école.

M1 : Je suis Alain. Je ne m'intéresse pas beaucoup à la musique, mais quand je sors avec mes copains, nous allons souvent en ville pour danser et j'aime toutes les chansons que nous y entendons.

Section 5 — Where You Live

Track 21 — p.33

2 **F1** : J'habite dans un joli appartement au premier étage, qui se trouve près des magasins. C'est très pratique pour faire les courses.

Mon appartement n'est pas très grand : il y a seulement trois pièces. J'habite seule, donc c'est parfait pour moi. Je ne voudrais pas avoir un colocataire car j'ai besoin d'espace personnel.

La cuisine est ma pièce préférée parce qu'il y a un petit balcon où je prends mon café le matin.

Track 22 — p.34

2 **F1** : J'habite à Nice. Nice est une grande ville qui se trouve dans le sud de la France, sur la côte méditerranéenne. Il y a de belles promenades à faire le long de la côte.

M1 : J'habite à Lille, une grande ville dans le nord de la France, près de la frontière entre la France et la Belgique. J'aime habiter à Lille mais ce n'est pas une ville qui est jolie ou touristique. Lille est un centre industriel très important, et la ville se développe de façon dynamique.

Section 6 — Travel and Tourism

Track 23 — p.38

1 (i) **M1** : Où aimes-tu rester pendant les vacances, Zamzam ?

F1 : Moi, je suis fana de la nature. Chaque été je pars avec mes copains et on fait des randonnées à la montagne. Nous prenons tout ce dont nous aurons besoin — une tente, des provisions et des vêtements pratiques. Nous ne pouvons pas aller au supermarché pendant le séjour, donc il faut faire des préparations.

1 (ii) **M1** : Ce n'est pas pour moi, le camping. Je préfère un peu de luxe. Mes vacances idéales seraient au bord de la mer dans un grand hôtel avec une piscine chauffée, un gymnase et un bon restaurant, car je suis un peu gourmand. Heureusement, ce sont mes parents qui paient. Et toi, Nathalie ?

F2 : L'année dernière nous sommes allés dans une auberge de jeunesse en Belgique. Ce n'était pas du tout cher, c'est vrai, mais c'était affreux parce que les dortoirs étaient sales et les douches ne marchaient pas.

Track 24 — p.39

e.g. **F1** : Bonjour. Bienvenue à l'Hôtel de la Paix, Cannes.

2 **F1** : Pour faire une réservation pour les mois de mai, juin, juillet ou août, tapez un. Pour une réservation pour les mois de septembre jusqu'à avril, tapez deux.

Si vous désirez plus de renseignements sur les différents types de chambre qui sont disponibles, regardez notre site internet.

Pour parler avec un membre de notre équipe, laissez votre nom ainsi que votre numéro de téléphone et les dates du séjour prévu. Merci de votre appel.

Track 25 — p.41

2 (i) **M1** : Cet été venez découvrir la Bretagne. C'est une région très diverse qui est dans l'ouest de la France et à deux pas de la capitale. La Bretagne, une terre de contrastes, est connue pour son patrimoine maritime ainsi que pour la nature, sa culture et sa gastronomie. En Bretagne, vous pouvez tout faire. Il y a quelque chose pour tout le monde — vous n'allez jamais vous ennuyer.

2 (ii) **M1** : Il y a de très belles plages où vous pouvez vous détendre en famille, vous échapper de la vie quotidienne et bien sûr participer à beaucoup de sports nautiques. Ceux qui adorent la mer peuvent faire de la planche à voile sur les vagues magnifiques ainsi que d'autres sports nautiques. Grâce au vent qui souffle le long de la Manche, on voit souvent des gens avec de beaux cerfs-volants.

Track 26 — p.42

2 (i) **F1** : Allô ?

M1 : Salut Juliette, c'est Leo à l'appareil.

F1 : Leo ! Quelle surprise... Ça va ?

M1 : Ça va bien merci. Je t'appelle car je voulais te demander si tu avais envie de dîner avec moi ce soir. Il y a un nouveau restaurant en ville où on prépare des plats délicieux. La viande là-bas est superbe, surtout les steaks hachés.

2 (ii) **F1** : Ben... en fait, je suis végétarienne. Quel dommage !

M1 : Tu es devenue végétarienne ?

F1 : Oui, c'est vrai. Avant, j'aimais bien manger du bœuf mais je trouve que la viande est très mauvaise pour la planète.

M1 : Pas de problème, je suis sûr que nous pouvons trouver un restaurant qui te plaira. Est-ce que tu aimes le fromage ?

F1 : Ben... malheureusement je ne mange pas de fromage.

M1 : Ben... et si nous allions manger des crêpes ?

F1 : Je suis allergique aux œufs. Je l'ai découvert hier. Et en plus, il faut que je me lave les cheveux ce soir. Au revoir !

Track 27 — p.43

1 (i) **F1** : Police, que puis-je faire pour vous ?

M1 : Bonjour madame, je suis ici en vacances et j'ai perdu mon portefeuille. Je viens de remarquer qu'il n'est plus dans mon sac. Je m'inquiète car il y avait environ deux cents euros dedans et aussi ma pièce d'identité.

F1 : Ne vous inquiétez pas monsieur, je peux vous aider. Est-ce que vous pouvez me dire exactement ce qu'il y a dans votre portefeuille ? Si quelqu'un le ramène au commissariat, on vous appellera.

1 (ii) **F1** : Allô, police, je peux vous aider ?

F2 : Eh bien, je crois que quelqu'un a volé mon vélo. Je l'avais laissé à l'extérieur du supermarché mais quand je suis sortie il n'était plus là.

F1 : Je suis désolée de l'apprendre, madame. Si vous pouvez me dire la couleur et la marque de votre vélo, je ferai un rapport.

Track 28 — p.44

2 **M1** : Où est la bibliothèque, s'il vous plaît ?

F1 : La bibliothèque ? Ce n'est pas loin, c'est derrière la banque, au bout de la rue Cardinale.

M1 : Et pour aller au cinéma s'il vous plaît ?

F1 : Il faut prendre la deuxième rue à gauche. Allez tout droit jusqu'au carrefour et le cinéma est entre la boulangerie et le tabac.

M1 : C'est loin d'ici ?

F1 : C'est à deux kilomètres d'ici.

M1 : Est-ce qu'il y a un hôpital près d'ici ?

F1 : Non monsieur, l'hôpital le plus proche est dans la ville de Nantes, à 30 kilomètres d'ici.

Section 7 — Current and Future Study and Employment

Track 29 — p.46

1 (i) **M1** : Salut Karine ! Est-ce que tu aimes les langues ?

F1 : Pour moi les langues ne sont pas aussi utiles que les sciences. Je préfère la chimie mais je trouve que de nos jours, toutes les sciences sont indispensables. En plus, les langues sont plus difficiles pour moi.

1 (ii) **F1** : Qu'en penses-tu, Nadia ?

F2 : Je ne suis pas d'accord avec toi. Moi, j'adore communiquer avec les autres, donc savoir parler une autre langue, c'est important. Pourtant, pour moi, la matière la plus importante c'est l'informatique, car il faut comprendre la technologie pour survivre dans le monde. Heureusement, j'adore passer mon temps sur l'ordinateur parce que je pense que c'est l'avenir.

Tu n'es pas d'accord, Salim ?

M1 : Si, mais je crois que les jeunes comptent trop sur les ordinateurs et passent trop de temps devant l'écran. Je trouve aussi qu'il est nécessaire d'être fort en maths, en sciences, en français et en anglais. Il ne faut pas toujours utiliser un ordinateur.

Track 30 — p.47

2 **M1** : Mardi, après l'école, il y a un club de musique. On y chante et on utilise des instruments de musique.

Mercredi, on est libre l'après-midi. Souvent mes copains viennent chez moi pour travailler ensemble. Beaucoup de jeunes font du sport. Jeudi, on ne commence les cours qu'à dix heures. C'est bien parce que je peux rester au lit jusqu'à neuf heures.

Vendredi, on a chimie, biologie et physique. Ce n'est pas un jour très varié. Samedi, nous avons cours seulement le matin.

Track 31 — p.49

2 (i) **F1** : Bonjour et bienvenue dans notre émission. Ce soir nous parlons avec des jeunes du collège Roissy. Bonjour Geeta. Est-ce que tu aimes ton collège ?

F2 : Je n'aime pas trop mon collège. Je me sens toujours sous pression. Beaucoup d'élèves comme moi ont peur de ne pas réussir aux examens. Selon moi, les profs devraient être plus compréhensifs — comme ça, nous pourrions leur demander de l'aide.

2 (ii) **F1** : Et toi, Sascha ?

M1 : Moi, j'aime mon école mais c'est vrai qu'il y a beaucoup de problèmes. Il y a un grand nombre d'élèves qui prennent des drogues et qui fument. Beaucoup de jeunes pensent à tort qu'il faut faire ce que font les autres. Je crois que les profs devraient encourager les jeunes à penser par eux-mêmes.

Track 32 — p.50

2 **M1** : Ce trimestre, ma classe a le droit de choisir la destination du prochain séjour scolaire. Moi, j'aimerais aller à Paris. J'ai envie de visiter des galeries d'art célèbres, et surtout le Louvre. J'étudie le dessin au collège et une telle excursion m'aiderait à comprendre les genres d'art différents.

Cependant, ma meilleure amie pense que ça a l'air vraiment ennuyeux. Elle préférerait aller faire des sports nautiques, comme nous l'avons fait l'année dernière. Elle a vraiment aimé les journées que nous avons passées sur la plage.

Track 33 — p.52

1 (i) **M1** : Nous cherchons des jeunes enthousiastes et motivés pour travailler avec nous dans notre hôtel l'été prochain. Il faut avoir un bon sens de l'humour et pouvoir travailler en équipe. Ce ne sont pas les qualifications qui comptent. Par contre, c'est votre personnalité et votre dynamisme qui sont importants.

1 (ii) **F1** : Aimez-vous les enfants ? Et le contact avec le public ? Si votre réponse est oui, ce travail est parfait pour vous. Nous cherchons des jeunes qui ont déjà passé le bac pour travailler dans notre colonie de vacances. Logement et nourriture compris. Vous auriez un jour de congé par semaine. C'est un travail qui n'est pas toujours facile mais c'est très satisfaisant.

Track 34 — p.54

1 **F1** : Moi, je suis Krysta. J'apprends trois langues au collège — l'anglais, l'allemand et l'espagnol. Apprendre des langues vivantes c'est essentiel, car nous vivons dans une société mondiale.

M1 : Je m'appelle Isaac. Vraiment, je pense qu'apprendre les langues étrangères est ennuyeux et une perte de temps. Si on en a besoin, on peut utiliser Internet pour traduire les informations qu'on ne comprend pas.

F2 : Je suis Leila. Au collège j'apprends l'allemand et l'italien, mais je voudrais apprendre l'espagnol aussi. Je pense qu'il faut essayer de mieux connaître les autres pays, leurs langues et leurs cultures. Plus tard, j'espère avoir un travail qui me permettra d'utiliser les langues et aussi de voyager.

Track 35 — p.55

2 **M1** : Allô ! C'est Gino Ponroy à l'appareil.

F2 : Allô, ici Annette Calvel. Je viens de voir le poste de facteur / factrice sur Internet et j'aimerais avoir plus d'informations.

M1 : D'accord. C'est un emploi à mi-temps — c'est 25 heures par semaine. On cherche quelqu'un de pratique, travailleur et honnête.

Ce serait utile d'avoir votre propre voiture, mais pour faire cet emploi il faut absolument savoir conduire. Avez-vous le permis de conduire ?

F2 : Oui, j'ai mon permis depuis deux ans.

M1 : Bien. Si vous voulez poser votre candidature, vous devez nous envoyer une copie de votre CV et une copie de votre passeport avant le 30 novembre. On va organiser les entretiens pour la semaine du 14 décembre.

F2 : Très bien, merci beaucoup. Au revoir monsieur.

M1 : Au revoir madame.

Section 8 — Global Issues

Track 36 — p.56

e.g. **M1** : Le recyclage est très important parce que nos réserves de ressources naturelles ne sont pas infinies.

2 **M1** : Tout le monde peut aider à améliorer la situation. Chaque personne doit assumer la responsabilité de recycler ses propres ordures. Il faut aussi essayer d'acheter des produits aux emballages recyclables.

Puis, on doit trouver le centre de recyclage le plus proche et recycler les emballages au lieu de les jeter dans la poubelle.

On peut recycler les boîtes en carton, les bouteilles en plastique et en verre et même les sacs en plastique.

Track 37 — p.58

1 **F1** : Henri, est-ce que tu penses que notre société est égalitaire ?

M1 : Malheureusement, non, elle n'est pas égalitaire. Par exemple, je suis né et j'ai grandi en France, mais certains me traitent différemment parce que je suis noir. C'est raciste et ça me gêne beaucoup.

F1 : Mischa, qu'est-ce que tu en penses ?

F2 : Je pense qu'il faut lutter contre le racisme, c'est affreux, mais on ne devrait pas oublier qu'il faut aussi mettre fin aux autres genres de discrimination. Par exemple, la discrimination religieuse reste un problème. Je suis musulmane et certains me regardent bizarrement quand je porte des vêtements traditionnels, comme mon foulard.

Track 38 — p.59

4 (i) **F1** : Je suis arrivée en France comme immigrée il y a deux ans. Avant, je n'avais pas de libertés civiques, surtout parce que je suis une fille et dans mon pays, les filles et les femmes n'ont pas les mêmes droits que les hommes.

En France, je peux aller au collège, je peux vivre ma vie comme je veux, et à l'avenir je pourrai trouver un emploi. Mon pays me manque, mais je ne veux pas y retourner car je peux vivre une vie meilleure en France.

4 (ii) **F1** : À mon avis, il faut accueillir les réfugiés qui sont forcés de quitter leur pays d'origine à cause de la guerre ou des catastrophes naturelles. C'est la responsabilité de tout le monde d'aider ces gens. Certains ont peur des réfugiés et de l'immigration, mais moi, je suis très contente d'avoir l'opportunité d'être ici en France. J'aimerais contribuer à la société et aider les autres qui viendront.

Track 39 — p.60

2 **M1** : La semaine dernière, les habitants de notre ville ont organisé une journée d'événements sportifs. Le but était de collecter des fonds pour les personnes atteintes du cancer du sein.

C'était l'idée de la mairesse de la ville. Sa mère est morte du cancer et elle voulait faire quelque chose pour collecter de l'argent pour la recherche sur le cancer.

Il y avait beaucoup d'événements différents, y compris un tournoi de foot et une course autour de la ville. Beaucoup de participants se sont habillés en vêtements bizarres pour amuser les spectateurs.